追梦阅读

闪闪的红星

李心田 著

中国·武汉

图书在版编目(CIP)数据

名师导读.闪闪的红星/李心田著.—武汉:华中科技大学出版社,2019.9
(追梦阅读)
ISBN 978-7-5680-5620-5

Ⅰ.①名… Ⅱ.①李… Ⅲ.①阅读课-中小学-课外读物 Ⅳ.①G634.333

中国版本图书馆 CIP 数据核字(2019)第 170493 号

名师导读:闪闪的红星
Mingshi Daodu:Shanshan de Hongxing

李心田 著

策划编辑:田金麟
责任编辑:林凤瑶
封面设计:孙 黎
责任校对:李 琴
责任监印:朱 玢

出版发行:华中科技大学出版社(中国·武汉)   电话:(027)81321913
　　　　　武汉市东湖新技术开发区华工科技园　　邮编:430223

录　　排:华中科技大学惠友文印中心
印　　刷:武汉市洪林印务有限公司
开　　本:710mm×1000mm　1/16
印　　张:8.5
字　　数:97 千字
版　　次:2019 年 9 月第 1 版第 1 次印刷
定　　价:22.00 元

本书若有印装质量问题,请向出版社营销中心调换
全国免费服务热线:400-6679-118　竭诚为您服务
版权所有　侵权必究

"追梦阅读"丛书编委会

主　　编：刘玉堂
执行主编：张　硕　黄德灿
策　　划：靳　强　亢博剑

"追梦阅读"丛书编辑部

主　任：亢博剑　靳　强
副主任：阮　珍　李娟娟
成　员：田金麟　曹　程　沈剑锋　康　艳
　　　　孙　念　江彦彧　朱媛媛　林凤瑶
　　　　肖诗言　刘　丽　赵　丹　郭妮娜
　　　　徐小天　刘巧月

出版说明

本套"追梦阅读"丛书共收录了 24 部作品,分为 3 个主题——榜样力量、红色经典、岁月成长,以"名师导读"为丛书特色,由华中科技大学出版社出版。

此次出版只在处理文字讹误等方面做了必要工作,以尽量保持经典作品的语言风貌及其所处的时代特征。如有疏漏,望读者指正。

"追梦阅读"丛书编委会
2019 年 8 月

总 序

　　如果有一种信仰要让全世界共同坚守,那只有阅读。如果读书成为我们的信仰,我们就可以少一份轻浮、空虚,就可以始终保持一种超现实的心态,保持一种向理想进发的热情。

　　为什么全国上下掀起了一个读书热潮?那是因为读书能帮助我们明确人生方向,开拓我们的视野,陶冶我们的性情。我们能从经典里认识到一个新的自我,在成长的岁月里有一个学习的榜样,在书中探索到生活真正的意义,知道我是谁,从哪里来,要到哪里去,从而找到通往精神家园的路径。

　　读书是一个庄严的仪式,阅读是一个"追梦"的历程。这套丛书带领我们走进"红色经典",在"岁月成长"中找到"榜样力量",享受一次精神旅行。"导读"帮助读者了解作者、写作意图和写作背景,同时也帮助读者了解一本书的内容及其影响,领会今天的社会价值观念的核心。

　　无论是可歌可泣的《长征的故事》,还是《荷花淀》《铁道游击队》《两个小八路》《小英雄雨来》的抗日事迹,乃至抗美援朝战争,都揭示了一个真谛:人类的精神一旦被唤醒,其威力将无穷无尽。没有苦菜花开的艰难岁月,没有志士仁人的流血牺牲,就不能走向胜利,就没有锦绣山河、可爱的中国的诞生。有多少英雄从《童年》出发去探寻人生之路,《闪闪的红星》曾照耀着整整一代人去寻找光明。翻开《红色家书》看看吧,每一页都记录着革命先烈的远大理想、浩然之气。从李四光、竺可桢、陈景润到钱三强、钱学森,爱国、奉献、拼搏、创新的精神在科学家们身上体现。从吴孟超身上我们看到的是一个大写的爱,从赵君陶身上我们知道严师慈母的仁,从焦裕禄身上我们明白什么叫立党为民。我们为什么要"向雷锋学习"?读读《雷锋日记》,我们要学习的是为人民服务、无私奉献和钉子精神。每一个人心中都有一个英雄偶像,幸福的花为勇士而开,赞赏坚毅的牛虻的奥斯特洛夫斯基告诉我们钢铁是怎样炼成的。

  我们希望在"经典"阅读中吸取精神营养,在"成长"的过程中沿着正确的方向追寻自我,对照"榜样"的故事明确使命和担当,在新长征路上不忘初心,"追梦"不止,走向远方,创造诗意人生。

刘玉堂
湖北省社会科学院原副院长
华中师范大学特聘教授、博士生导师

·名师导读·

红星照我去战斗

一

"闪闪的红星"曾照耀着整整一代人去寻找光明,"潘冬子"的英雄形象曾激励着无数青少年为理想奋斗。创造奇迹的作家李心田却鲜为人知,我们不妨先追随作家的脚步,了解一下著名小说《闪闪的红星》的前世今生吧!

《闪闪的红星》作者李心田,1929年出生于江苏睢宁县。1950年参加中国人民解放军,到华东军政大学①学习,历任部队速成中学教员,前卫话剧团创作室主任、副团长。中国作家协会会员,国家一级编剧。主要作品有《闪闪的红星》《两个小八路》等。

李心田回忆说六岁那年,爸爸从官山镇回家过年,指着门上贴的对联"向阳门第春常在,积善人家庆有余"念,他既不识字,也不懂对联是什么意思,可是过后他还是能背给爸爸听,爸爸见他记性好,就买了两张纸订成了一个本子教他写字。李心田七岁上初

---

① 华东军政大学1952年由中国人民解放军军事学院(现中国人民解放军国防大学)承接。

小,十一岁读完初小入私塾,当时一个班上有三十多名学生,他是最小的,但被编入高班,学生除了听老师讲《论语》还要读《幼学琼林》《古文观止》等书,规定每人每天写三百字小楷,每隔一天写一篇日记,老师要求很严格,背书不过关就要挨打,李心田因为学习方法得当,再加上用功,一年内学了《中庸》《大学》等七本书,老师提到哪里,他就能背到哪里,背诵如流,很少挨教师的戒尺。小时候在家乡的学习对李心田后来的工作和写作有很大的帮助。

两年的私塾学习,李心田的作文也常被老师拿来当范文,他的作文经常被贴在学校的墙上展览。在课外书籍很少的情况下,李心田如饥似渴地借书阅读,千方百计地从别人家里找来《珍珠塔》之类的唱本看,也读《三侠剑》之类的侠义小说。李心田后来回忆起来觉得对自己教益最大的是《三国演义》《聊斋》和《今古奇观》。中国古典文学给了李心田丰富的精神食粮,使他的作品有着丰富的文化底蕴,有着中国传统文化的根基。

二

李心田的第一篇小说《我的两个孩子》发表在1957年的《文艺学习》上,全文3000字。李心田后来调到南京军区当速成中学教员,课余喜欢与学员聊天,了解学员的家世经历,也是通过与学员的交流,李心田积累了一定的素材,《闪闪的红星》的主角潘冬子也"蹦到了他的脑海里"。

在构思作品前,李心田收集到了一些素材:一是当时跟随他学习的学员许光、鲍声苏都是红军长征前留在家乡,全国解放后才找到父亲的。二是李心田听说江西地区有一位红军在长征前给家里留下了一顶军帽,军帽里写了自己的名字,解放后这位红军的儿子拿着军帽找到了他的父亲。三是抗战时,胶东有个17岁的女青年,入党第二天就被捕,后来被敌人活活地烧死了。四是从杂志上李心田了解到毛主席的几个孩子曾在上海流浪过。这些素材深深地烙在李心田的记忆里,最终"潘冬子"这个鲜活的形象跳到了他的眼前。

1965年,由于种种原因,他的书稿《战斗的童年》(即《闪闪的红星》)不予出版,由于作品不能顺利出版,李心田连写两封信给中国少儿出版社,要求把书稿退还。当时李心田很感慨:文章误我,我误青春,以后不写了。1972年5月,这部作品历经曲折终于出版了。

三

《闪闪的红星》以"红五星"为线索,以第一人称讲述了"党的孩子"潘冬子与土豪恶霸胡汉三斗智斗勇,最后成为一名解放军战士的故事。

1934年,江西柳溪村,年仅七岁的潘冬子一心想参加红军。他的爸爸潘行义随红军队伍向北转移,奔赴抗战前线,临行时给潘冬子留下了一颗子弹和一颗闪闪的红五星。爸爸教导他,想爸爸时见到红五星就跟见到爸爸一样。见到子弹,就会想到红军为打白狗子流过的血,长大了,也要去打白狗子。冬子的妈妈留在家乡参加革命游击队,在修竹哥(吴书记)的介绍下加入了共产党,有一天,冬子妈和陈钧叔叔去柳溪做人民群众的工作,在串完最后一家,准备出庄的时候,他们被胡汉三带着的一群白狗子包围,他们扔出了唯一的一颗手榴弹,冲出村庄,冬子的妈妈为掩护陈钧叔叔逃脱,把敌人引向自己一边,最后被胡汉三抓住了。胡汉三把冬子的妈妈吊在大树上，下面架起一堆火，把冬子的妈妈活活烧死了。

冬子失去妈妈后，修竹哥把他安排在宋伯伯家住下来，冬子在宋伯伯家度过了六年，宋伯伯被胡汉三抓走后，党组织又安排他进城在一家米店当学徒。在这里，他又遇到了胡汉三，为了报仇，他夜晚"火烧胡汉三"后连夜离开了米店，独自冒险寻找游击队，在残酷的斗争中潘冬子不断磨炼自己，终于成长为一名解放军战士，来不及与已经成为副师长的爸爸见面，又投入到新的战斗中去了。

四

1973年初，八一电影制片厂的彭波召集创作人员，响应时代的号召，想要拍出反映革命题材的新电影。大家一致认为拍故事片可以从儿童片入手，便分头寻找创作题材。

曾因拍摄《红灯记》《红色娘子军》等样板戏而出名的摄影师张冬凉，在寻找创作素材的途中，偶然看见一群小孩在兴致勃勃地听广播，顺便问了一句："广播的是什么，那么吸引你们？"孩子们说道："中央广播电台的小说连播《闪闪的红星》，说的是儿童英雄潘冬子的故事，可好听了。"张冬凉敏锐地感到机会来了，立马向彭波汇报，建议把《闪闪的红星》拍成电影。

1973年4月，八一电影制片厂迅速组建了《闪闪的红星》电影剧本创作组，在现有编剧组的基础上又专门把小说原作者李心田请来参与创作，一直到7月底，《闪闪的红星》电影剧本正式完成。

电影在1974年10月1日国庆节这一天正式上映。电影内容较之小说作了部分改动，主要是故事情节有所增加，讲述了在

1930—1939年艰难困苦的环境中成长起来的少年英雄潘冬子的故事。除了刻画潘冬子一系列的正面形象,电影还刻画了一个经典的反派"胡汉三"的形象,在电影的后半程,那句经典的"我胡汉三又回来了"不仅是电影的转折点,也给观众留下了特别深刻的印象。

小说因改编成电影而广为流传,家喻户晓,深入人心,"潘冬子"成为一代青少年的偶像,鼓舞人们像小英雄一样为理想而奋斗。

五

《闪闪的红星》为什么具有这么长久的艺术生命力?在今天看来,除了革命英雄主义的精神在当代具有恒久的魅力,历久弥新外,还有一个更重要的启示,那就是我们要坚定"时刻跟党走"的信念。党就是那一颗"闪闪的红星"。因为没有共产党就没有新中国,没有新中国,我们就不能当家作主人,我们就永远走不出潘冬子所处的那个黑暗时代。

小说中反剥削、反压迫的斗争精神,体现了强烈的"平等"意识,人民要求的平等,只有在今天的社会才能实现。

潘冬子的爸爸潘行义参加红军,妈妈入党后掩护战友都是在共产党领导下的革命行为,他们同白狗子斗,同遭殃军斗,同日本侵略者斗,为的是穷人翻身得解放。潘冬子在爸爸跟随红军大部队转移到北方后,妈妈被胡汉三抓住,在大树下吊起来被火烧死。此时的潘冬子只有七岁,幼小的心灵中播下了对反动势力复仇的种子。他离开柳溪,被寄养在茂岗的宋伯伯家,六年后在寻找游击队时被胡汉三认出,幸亏乡亲刘三妈等人掩护,在游击队陈钧叔叔的安排下，到城里一家米店当学徒。

在米店的第一天，老板强迫他签下交押金必须干满三年的合约，让潘冬子备受屈辱，同时他们还搜查潘冬子随身带的小包，逼着潘冬子认师娘。后来老板娘更是命令冬子为她女儿刷便盆，要他下跪。一系列的行为，让潘冬子的尊严受到极大的损害，他强烈地感受到社会的不公平："我觉得像有个什么很重的东西压到了头上。"

后来潘冬子在米店见到官商勾结，欺压人民，更是愤愤不平，特别是见到了远道而来的胡汉三，仇人相见，分外眼红。在当天夜晚，他趁胡汉三睡着了，在他的床下点着火，再把房门用裤腰带系紧，希望"火烧胡汉三"。后来潘冬子连夜逃出米店，往城外去，继续寻找游击队。

在寻找游击队的路上，走到双岔河，又受到保长武玉堂的竹鞭抽打，晕死过去。这草菅人命的社会，哪里还有"平等"可言，就是人压迫人、人吃人的社会。后来一位姚姓老公公救了他，巧的是姚公公的儿子也是红军战士，他们是一根藤上的瓜。

回忆自己的经历，潘冬子不禁连成一线"我在柳溪，胡汉三打我；到米店，沈老板打我；跑到了双岔河，黄胖子又打我。他们凭什么……"随着经历的增多以及大人们的教育，潘冬子终于明白找游击队，不只是为了替妈妈报仇，而是要去革命，就是要打倒日本侵略者那样的帝国主义者，打倒那些大大小小和胡汉三一样的地主、买办资产阶级，给无产阶级打天下，夺取政权，让人民当家作主。

潘冬子的成长，是因为遭遇了太多的"不平等"，潘冬子在小小年纪就渐渐自觉地有了对革命意义的深刻认知。用潘冬子的生活时代对照今天的社会，我们不能不感慨革命就是为了推翻那个黑暗的社会。只有社会平等，人民才有幸福的生活。人民要求平等，只有在今天的社会才能实现。

潘冬子在城里米店看到的商商勾结，官商勾结，共同欺压百姓的罪恶行径，没有王法，也没有公道。是的，没有社会主义，就没有维护老百姓的法律。人民不能当家做主，哪里去讲王法和公道？

沈老板怕老百姓被他逼得哄抢大米，事先就联络了警察局孙局长，借宴请之机把一包钞票塞在孙局长手里，双方达成默契。后来，当沈老板囤积居奇把饥饿的老百姓逼得动手抢米了，孙局长果然带了一二十个警察赶来，全端着枪对着人群，还开枪打死一个买米的妇女怀中的小孩，还准备抓走领头要求卖米的人力车工人。警察认为囤积大米不卖的人不犯法，而饥饿要买米的人倒犯法，这公平吗？警察不讲道理，不讲公平导致民怨沸腾，老百姓抬起木桩，猛地敲打米店的门板，要求开门卖米，最终还是被凶残的警察镇压下来了。潘冬子终于明白了沈老板和孙局长，他们是一条道上的人，孙局长常在沈老板家中吃饭，有了事情孙局长就出来帮助沈老板。警察就是为有钱人说话办事的，天下没有公理。

孙局长不仅帮沈老板镇压群众，还给他请财神，那就是大地主胡汉三。为了保证沈老板的米源，在孙局长的策划下，他们三方见面了。第一次见面，胡汉三就给沈老板运来了满满一船大米，有四五十担。沈老板想给女儿在乡下置几十亩田产需要胡汉三帮忙，胡汉三卖米要个好价钱又需要沈老板帮忙。孙局长与沈老板、胡汉三构成了一条利益链，他们哪里还讲什么王法、公道。

随着审判胡汉三这一天的到来，人们组成的秧歌队、腰鼓队高唱"解放区的天是明朗的天""没有共产党，就没有新中国"。处决胡汉三的"砰""砰"两声枪响，大场上响起了人们惊天动地的口号声"解放全中国""中国共产党万岁""毛主席万岁"。事实证明共产党闹革命就是要推翻这吃人的社会，没有共产党就没有新中国，就没有维护社会公平、正义的法律，人民就没有当家做主的权利。

阅读《闪闪的红星》，回首历史，我们不禁感慨，如今的幸福生活真的来之不易。只有共产党领导的新中国，人民才能当家做主，人民的幸福才有保障。在新的长征路上，为了民族的复兴，我们仍然需要有一颗"闪闪的红星"，那"闪闪的红星"就是中国共产党！

黄世坤

目 录

第一章　　/1
第二章　　/12
第三章　　/23
第四章　　/36
第五章　　/47
第六章　　/58
第七章　　/67
第八章　　/79
第九章　　/94
第十章　　/108

第一章

一九三四年,我七岁。

我生长在江西的一个山村里,庄名叫柳溪。我五岁那年,听大人们说,闹革命了。我爹也是个闹革命的,还是个队长。闹革命是什么意思呢?我人小,不大明白。一天,见我爹带着一些提着大刀和红缨枪的人到了地主胡汉三家里,把胡汉三抓了出来,给他糊了一个高高的纸帽子戴上,用绳子把他拴起来,拉着他游乡。后来又听大人说,把地主的田也分了,以后穷人有田种,可以吃饱饭了。噢,我当时知道闹革命就是把田分给穷人种,让地主戴高帽子游乡。

我爹的名字叫潘行义,个子不高,但身体很结实。他会打拳,还会耍大刀。他耍起大刀来,嗖嗖的,大刀光一闪一闪,就好像几条咻咻放光的白带子把他裹起来一样。爹原来是个种田的庄稼人,他闹革命,是修竹哥指引的。

记得一天中午,我蹲在田头的树下看爹耕田,大路上走来了修竹哥。修竹哥姓吴,是在荆山教书的,他家就住在我家隔壁。他来到田头,见我爹累得满身大汗,便喊了声:"行义叔,歇歇吧!"爹说:"不行啊,牛是借人家的,吃饭前得赶着把田耕出来。"说着,又弓着腰,扶着犁向前耕。修竹哥说:"行义叔,你停停,我有事和你说。"爹听说有事,只好来到了田边:"什么事呀?"

修竹哥说:"荆山那儿办起了一个农民夜校,你上那儿去上学吧!"

"嘿,上学!"爹连脚都没停,转身又往田里走;一边走,一边说,"都二十多岁的人了,还上学,我当什么事呢!"

修竹哥走过去拉住我爹:"行义叔,你听我说完哪!这个夜校,不光念书识字,还有人给我们讲天下大事哩!去听听吧,净讲些对种田人有好处的事。"

听了这些话,爹停下脚关心地问:"能让种田人不再受罪吗?"

"就是为了让种田人不再受罪。"修竹哥说着把两只手翻动了一下,"要让种田的、做工的都起来,把天地变个样。"

"是要换个光景了。"爹直了直腰,擦擦额上的汗,"耕田没有牛,房子破了没钱修,还不到五月,地里的青谷就押给地主了,日子不能老这么过呀!"

"对呀!"修竹哥说,"毛委员派人到我们这边来了,我们这里也要跟山南边学,要打土豪、分田地了。晚上一定去呀!"

爹听说毛委员派人到这里来了,脸上露出高兴的神色,说:"好,晚上我去。"说罢又耕田去了。

晚上,爹和修竹哥一起上农民夜校去了。从那以后,爹每天晚上都去,不久,就学会讲很多革命道理,还学会了耍大刀、使快枪。又过了一阵子,便领着头在我们庄子里成立了赤卫队,当了赤卫队队长,领着头打土豪、分田地了。

爹当了赤卫队队长之后,人变得更好了,不大声大气地向妈妈说话,也不大向别人发脾气了。爹本来是不爱说话的,现在要是左右邻居谁家里有了什么事,他也去说说劝劝。妈妈整天脸上带着笑,爹叫她去做这做那,她都高兴地去做,天天跑来跑去的,实在是忙哩。妈妈上哪儿去,我都要跟着,妈妈嫌我赘脚,就向我说:"莫跟着我,到隔壁找椿伢子玩去。"椿伢子是修竹哥的侄子,同我一样大,我俩常在一起玩的。

一天,妈妈又出去叫人做军鞋去了,我又去找椿伢子玩。我俩玩了一会儿,又唱起歌来,歌是跟大人们学的:

> 太阳出来红艳艳,
> 井冈山来了毛委员,
> 带领工农闹革命,
> 劳苦大众把身翻。
> 打倒土豪分田地,
> 家家户户笑开颜。

唱着唱着,我想起那天给地主胡汉三戴高帽子游乡的事情来了。歌里不是有"打倒土豪分田地"吗,我就向椿伢子说:"你当土豪,我来打你,把你拴起来游乡吧!"

"把你拴起来游乡!"椿伢子不愿意当土豪。

我说:"你当土豪,我拿绳子来拴你。"说着我真的到家里拿了根小绳子出来,抓住椿伢子的手要拴他。

"我不当土豪,我不当土豪!"椿伢子一个劲儿地摇晃着手,并且抓起绳子的一头来拴我。我见他不愿当土豪还要来拴我,就猛一推,把他推倒了。他哭了起来,爬起来就向家里走,大声地喊着:"妈妈!"我知道把事做错了,爹是不许我欺负人的。就在这会儿,我爹来了,他给椿伢子擦了擦眼泪,问他:"怎么把你摆弄哭了?"椿伢子说:"他叫我当土豪,我不当。"爹笑了起来,又问:"你为啥不当土豪哩?"椿伢子说:"土豪是坏种!"爹哈哈地笑起来,说:"对啦,土豪是坏种!"正在这时,修竹哥来了。他的脸色沉沉的,走到我爹跟前说:"胡汉三跑了!"

"跑了?"爹的眼瞪得老大,忙把椿伢子放下,抽出腰间的盒子枪,"往哪儿跑去了?我把他追回来!"

修竹哥摇了摇头:"看样子是夜间跑的,说不定跑县城去了。"

爹气得直跺脚,说:"早把他崩了就好了,他这跑了,可是个后患哪!"

爹说的意思我懂一些。听大人们说,胡汉三有好几百亩田,他家里的粮食都是穷人从田里收的,够他家吃几十年都吃不完;他还有一个儿子在外当白狗子,是个最坏最坏的大土豪。要是上一回叫他游乡之后,把他枪崩了多好,怎么叫他跑了呢?我看看修竹哥,修竹哥对爹说:"唉,怨我们不小心,放走了一只狼。"爹拨弄了一下枪说:"不论他跑哪儿去,我一定要把他抓回来!"说着转身要走。修竹哥拉了他一下说:"现在顾不得抓他了,白鬼子进攻彭岗,上级要我们赤卫队到桂溪去牵制敌人。"说着他递给爹一张纸条。爹看了看纸条,说:"好吧,我们马上出动。"再没顾我和椿伢子,就直奔赤卫队队部去了。

在我们柳溪就能听到彭岗那边传来的枪声。我一听到一声枪响,就问妈妈:"这一枪是我爹放的吧?"妈点头说:"是的。"我听到这些枪声,心里很高兴,心想,爹一定能打死很多很多白狗子。妈这两天也特别忙,她和一些妇女们照顾那些从前方抬下来的受伤的红军叔叔,给他们喂饭哪,喂开水呀,夜里都不回家。

第三天早上,我和妈妈正在家里吃饭,忽然西院的吴三姑走来,在妈耳边小声说了些什么,妈丢下饭碗就向外走。我喊妈,妈也没理我。我也丢下饭碗跟着跑了出来。妈直奔胡家大院,我想,一定是有动手术的了,红军的医生就在那里。

我跟着妈妈跑进大院的东屋一看,见架起的门板上躺着一个人,那正是我爹。爹见我们来,一折身坐了起来,我见他一下子瘦了很多,眼睛显得更大了。妈急促地问:"你受伤了?"爹点点头:

"没什么,左腿上钻进去个子弹。"说着他把身子翻了一下,把左腿向上搬了搬,这时我才见到他的左面裤腿全让血染红了。我"哇"的一声哭了起来。爹见我哭,有点儿烦,说:"哭什么,别哭,再哭就出去!"我想不哭,可是又止不住,便偎在妈妈的身边,嘤嘤地哭着,怕爹撵我出去。妈妈轻轻地卷起爹的裤腿,我见爹的小腿上缠着纱布,纱布也让血染红了。这时,一个红军医生走了进来。他和妈一起把爹腿上的纱布解下来,然后看了看受伤的地方,又摸了摸,向爹说:"潘队长,你腿里的这颗子弹要取出来呀!"爹说:"取嘛,在里面又不能生崽。"说着还笑了笑。医生让妈妈站开了点儿,他就动手给爹洗伤口,要取出那颗钻在腿里的子弹。我躲在妈妈的身后,又想看,又不敢看。

医生替爹洗干净了伤口,就要动手取子弹了。这时隔壁又抬来一个受伤的叔叔,接着就听那个叔叔叫了两声。替爹洗伤口的医生去隔壁看了下,又走了回来。爹问他是怎么回事,他说有个同志受了伤,就要动手术。爹说:"没有给他打麻药吗?"医生摇摇头说:"从救护队带来的麻药就剩下一针了……"说着拿起一小瓶药看了看,准备给爹打针。

爹一见几乎要站起来,摇着手说:"我的伤没什么!我不要用麻药,快把麻药拿给他用!"这时隔壁又传来一声叫痛声,医生犹豫了一下说:"潘队长,你手术时间要比他长,这针药还是给你用。"我爹大瞪着眼:"你这人好死板嘛,你不看我的身体多壮实,手术时间长点儿怕啥! 快给送过去。"医生转脸看看我妈。我妈什么也没说,把脸转到一边去。爹瞪着眼向妈说:"喂,你说,叫他们把麻药拿过去。"妈看了看爹,向医生点了点头:"拿过去吧!"医生只好拿了麻药走到隔壁去。

麻药给了那个叔叔用了,没有多大会儿,那边的叔叔就不作声了。等医生再进到这边屋里来的时候,爹向妈说:"你带冬子出去吧。"妈妈拉着我的手,把我带出了屋子,就在院子里的一棵槐树下站着。停了一会儿,听到屋里有些动静,妈向我说:"冬子,你在这儿站着,我进去看看。"说着她又进了屋子。我不敢进屋子,可是又想看看,脚不由得就向屋子跟前挪了挪,慢慢地就挨近了屋门口。门是半开着的,正好看见医生从爹腿里向外取子弹。爹的腿上划了个大口子,血滴答滴答地流着,他的头上滚着大汗珠子,牙紧咬着,呼吸急促,但一声也不吭。我差一点儿又哭了出来,可是这时爹的眼睛正好瞧见了我。我不敢哭了,爹的眼睛中闪着两道光,那光是不准人哭的。他招招手,要我过去。我怯怯地往前走了走,忽然听到"当啷"一声,见一颗子弹头落在一个瓷盘子里。爹笑了,他问医生:"取出来啦?"

医生高兴地说:"取出来了!"他握起爹的手,"潘队长,你真行,一声都不响,一动都不动!"

爹说:"把那个子弹头给我吧。"

医生拿起瓷盘子里的子弹头,想擦去上面的血迹。爹忙说:"别擦,我就要带血的。"医生就把那颗带血的子弹头递到爹的手上,然后替爹裹好了腿上的伤口,就出去了。

爹叫妈把我抱到床板上,坐在爹的身边。他把那颗子弹头放在我的手心里,说:"冬子,你知道这颗子弹头是哪里来的吗?"我说:"是白狗子打的。"爹点点头,又问:"隔壁那个叔叔的伤是怎么来的?"我说:"也是白狗子打的。"爹看了看那颗子弹头,又看了看我,说:"白狗子要我们流了这么多血,该怎么办他们呢?"我说:"也用枪来打,叫他们也淌血!"

"好!"爹拍了下我的头说,"记住,等你长大了,要是白狗子还没打完,你可要接着去打白狗子。"

我小心地捧着那颗子弹头,那上边的血鲜红鲜红的,这是我爹流的血呀!我仰头问爹:"刚才向外拿这个子弹头时,你不痛吗?"

爹说:"痛啊。"我又问:"打了麻药还痛不痛?"爹说:"打了麻药就不大痛了。"我说:"为什么你不打,却让给那个叔叔呢?"爹说:"冬子,我和他是阶级兄弟,他身上痛就跟我身上痛一样。"爹的话我只能朦朦胧胧地懂一点儿。我又问爹:"刚才那么痛,你为啥不叫唤哩?"爹说:"我叫唤,它也是要痛的嘛,我硬是不叫,它就怕我哩,就不痛啦!"我听爹的话很有意思:痛的时候硬是不怕,痛就会怕你,也就不痛了!真是这样吗?妈见我缠着爹只顾问这问那,便把我抱下来,说:"别东问西问的啦,让你爹歇歇吧。"这时修竹哥来了。修竹哥一来,爹就要下来,修竹哥忙拦住爹,问他:"你要干什么?"爹说:"子弹取出来了,我得上去!"修竹哥说:"你上哪儿去?"爹说:"打仗去呀!"修竹哥说:"我们的任务已经完成,你别去了,你准备接受新的任务。"

爹问:"什么任务?"

修竹哥说:"红军要离开根据地!"

"为什么?"爹不大明白,问了一句。

修竹哥想继续说下去,见我和妈妈在一边,又不说了。爹让我和妈妈走开,接着就听他和修竹哥激烈地说起话来:

"有人不按毛主席的办法打,必然要打败仗!"

"是呀,按毛主席的办法打,敌人的四次'围剿'都被我们打败了;可这一次打了好几个月,越打越糟!"

"我们都有意见!"

我问妈妈:"他们说什么呀?"妈妈不理我,拉着我走出院子。

爹养了一些日子的伤,能和平时一样走路了。又过了几天,任务来了。什么任务呢?原来爹被编到红军主力里去,要随红军一起去打仗。

妈妈这几天显得特别忙碌。晚上,她一个劲儿地赶着做鞋,已经做了三双。白天,做早饭时,她总要煮上几个鸡蛋,等到第二天，看爹没走，就把鸡蛋给我吃了，到下顿饭时，她再煮上几个。这样，她已经煮了四次了。我呢，觉得很新鲜。心想爹这次要出去很远很远，打一个大仗吧，要不，妈妈为什么准备那么多鞋呢？

一天夜间，我已经睡熟了，忽被一阵说话声搅醒，我听是爹和妈的声音。爹已经有好几夜没回家睡了，这次回来是干什么的呢？就听妈说："你这次出去，要到什么时候才能回来呢？"

爹说："很难说，听说要去和兄弟部队会师，也有的说要北上抗日，要等打完日本鬼子才能回来呢。"

"要是我去也能帮着做点儿事，"妈妈说，"我和冬子也跟着去吧！"

"不行，那是大部队长途行军，要天天打仗的。"

"你们走后，我们还能做些什么呢？"

"像过去一样嘛，该支前还支前，该斗争还斗争。"爹问妈，"你和那几家家属谈得怎么样？她们的思想都通了吧？"

妈说："都通了。"

"往后更要很好地把大家都团结起来。"

妈说："是的。你们红军在的时候，大家心里都踏实，如今你们一走，有的人觉得心里没着没落的。"

"红军走了，党组织还在，苏维埃政府还在，照样闹革命嘛！"爹稍停了下又说，"当然了，环境变了，革命的形式也要跟着变。"

妈说："大家也都有准备了。"

停了一会儿，爹说："你入党的事，我已经向修竹说了，他愿做你的入党介绍人。"

"修竹不走吗？"

"他不走，他负责我们这一片党的工作。"

"只要有党在，大家的心里还是会很踏实的。"妈又问爹，"你看我还有什么缺点？以后也好注意改。"

爹说:"以后斗争性要强些。红军北上了,斗争的环境可能要艰苦得多,残酷得多,你一定要更坚强一些才行。"

妈说:"我一定要刚强。一年多了,我一直想入党,总觉得不够条件,从小就是个绵性子。"

"入了党,就不能按一般人要求自己了。"爹的声音是那样的坚定,"等你成了党员之后,你就是我们无产阶级先锋队里的一个战士了。"

妈激动地说:"以后我是党的人了,党叫我怎么做,我就怎么做。"

"还有冬子,"爹提到了我,"我很疼这孩子,以后怕要有很长时间看不到他,你得好好教育他。"

妈说:"这你就放心吧,我会教他好好成人的。"

"要是工农民主政府还存在,要是能念书,就送他上列宁小学。"爹说到这里,大概是挪了下油灯,照了照我,又轻声地向妈说,"等冬子长到我这么大的时候,也许要过上真正的好日子了。"爹的大手在我的脸上抚摸了一下,他的手是宽厚的、粗糙的、有力的、温暖的。然后爹又说,"我在冬子这么大的时候,连今天这样的光景也没见过呀!今天有工农民主政权,有赤卫队,有共产党和红军。"

"是呀!"妈妈说,"你们要是不走,能保住这个光景,也就是个好日子了。"

"不,真正的好日子是社会主义。"爹说,"等到了共产主义,那日子就更好啦!"

"还能怎么个好法呀?"妈妈似乎不大明白。

爹深情地说:"到了那个时候哇,所有的土豪劣绅全被打倒了,天下的穷人都解放了,再没有人压迫人、人剥削人,种田的、做工的,全都为集体劳动。劳动人民都过上美好的生活。孩子全能上学……"妈妈轻轻地"嗯"了一声,爹又接着说,"好日子还要靠我们去战斗哇!"

我听着听着,又睡着了。好像我真的背起书包上学去了,啊,那学校是青砖青瓦盖的,有多少和我一样的小学生啊,全穿着新衣裳……

早晨,我被锣鼓声惊醒。我睁开眼,见爹和妈都已经出去了。我忙穿好衣服向外跑,一看,啊,东头场上集着那么多人哪!锣鼓敲得震天响,还有人喊着口号。我挤到跟前一看,是欢送队伍的。我心想,这准是欢送红军的吧。我到处找爹,找不着。忽然,我被人拉了一下,回身一看,是妈妈。妈说:"冬子,快回家,你爹就要走了。"我跟妈回到了家,见爹穿得整整齐齐的,身上背着干粮袋、斗笠,还有妈给他做的鞋。爹见我进来,一下子把我抱起来,亲了下我的腮帮,说:"冬子,爹要打白狗子去了,你在家要好好听妈妈的话。"我搂着爹的脖子,说:"爹,你走吧,你去打白狗子,多多打白狗子!"爹笑笑,又亲亲我,把我放下。他从桌上拿过一本书放在我手里,说:"冬子,这是一本列宁小学课本,是我从学校里给你要来的。"

我看看课本,见封面上有个红五星,还有一把锤子和一把镰刀,上面的字我一个也不认得。我问爹:"我什么时候上学呀?"

爹说:"再开学的时候,妈妈送你去。"随后爹又低声和妈妈说了些什么,妈妈点点头,把她煮好的鸡蛋装在爹的挎包里,便和爹一起向外走。我一下子扯住爹的衣襟说:"爹,你打了胜仗就回来呀!"爹回头看了下我,把我的手拉起来,问我:"冬子,我上回给你的那个子弹头,你丢了没有?"我说:"放在床头上了,没丢。"爹想了一下,从他的挎包上撕下一个红五星,递给了我,说:"冬子,我再给你个红五星。"我接过红五星,问爹:"给我这个做什么呀?"爹说:"我这次出去时间很长,你要是想我了,你就看看这红五星,看见这红五星,就和看见我一样。"我把红五星紧紧地握在手里,又看看爹,爹说,"还有那个子弹头,你也别丢了,你见了它,就会想到红军、赤卫队为打白狗子流过血。长大了,你要去打白狗子!"说罢,爹又拍拍我的头,就向东场大步走去了。那边正响着锣鼓声和口号声。爹出发打白狗子去了,我跑着去送他,心想:爹打了胜仗就会回来的。

第二章

　　爹随红军走了一个月了,我问妈:"爹怎么还没回来呢?"妈说:"仗还没打完哩,打完仗就回来了。"又过去一个月了,爹还是没有回来。我问妈:"爹打完仗了吗?快回来了吧?"妈妈说:"呃,你到大路上看看去,看回来了没有。"我跑到庄头的大路上去望,连过路的队伍都没有看到。又过去一个月了,爹还是没有回来。我问妈:"爹还回来不?"妈妈说:"回来。"我说:"什么时候回来呀?"说着哭了起来。妈把我搂在怀里,说:"冬子,莫哭,爹打完白狗子就回来。"说着指着南边的山给我看,"冬子,你看,山上再开花的时候,你爹就回来了。"

　　"什么时候再开花呀?"我问妈妈。

　　妈妈说:"春天。"

　　噢,春天,春天快些来吧!

　　红军走了以后,开始时,庄子里还有赤卫队和乡政府,人们还是常常开会。可是过了两个月之后,赤卫队都上山里去了,庄子里也不大有人开会了,只是到了晚上,人们才聚在一起说些什么。

　　自从妈说南山上花再开的时候爹就回来,我常常跑到山上去看。山上的花一开,爹就会回来的!一天,我又跑到山上去,站在山上向那山下的大路望去。我希望看到一队人马忽地走过来,说不定那里会有我爹的。可是路上没有队伍,只有一两个人背着柴走着。那大路上,过去可热闹哩,有送军粮的,有过路的红军,有下田的人,来来往往的,人好多呀! 现在怎么都看不见了呢? 我看着看着,猛然见大路那边出现一群人,还有几个扛枪的。我心里不由得一震,心想,红军回来了,便大步地向山下跑。我一气跑到山脚下,猛个丁地站住了,原来,我见那些穿灰军装的人,和红军不一样:红军戴的是八角帽,他们戴的是圆顶的;红军的帽子上有颗红星,他们帽子上是个小白花花。我心里一跳,哎呀,是白狗子! 我再仔细一看,原来那个戴高帽子游乡的大土豪胡汉三也在当中。白狗子来了! 坏种回来了! 我忙转过身来往家跑。

我跑进家门,见妈正在收拾东西,床头上放着两个包裹。我说:"妈,白狗子来了! 胡汉三来了!"妈一听,更警觉起来。我拉着她的手问:"怎么办哪,妈妈?"妈妈把我拉到她跟前,把我褂子上的衣边撕开,从床头的席底下把爹留给我的那个红五星拿出来,在我面前亮了一下,把它塞到衣边里,低头就给我缝起来。我问妈:"那个子弹头呢?"妈指着院子里那棵石榴树说:"在那石榴树根下埋着啦!"我问妈:"我那小学课本呢?"妈指指小包袱说:"在包袱里。"我说:"妈,白狗子来了,我们怎么办?"妈说:"不论是谁,问你什么,你什么也不要说。"

我点点头:"我什么也不说。"

妈把我的衣边缝好,坐在床沿上想了一阵子,正要到外边去,忽然门外一阵噪嚷,胡汉三带着几个白狗子走进我家来了。胡汉三大模大样地往屋中间一站,用他手里的小棍子指着我妈:"你男人呢?"

"他北上打日本鬼子去了。"妈镇定地回了一句,连看都不看胡汉三一眼。

"是听说我来,吓跑了吧!"胡汉三翻着白眼说。

"孬种才跑呢！"我妈是从来不骂人的，这回却骂了一句。我想起来了，胡汉三就是偷跑了的。

胡汉三头上暴着青筋，又咬牙又瞪眼，一把抓过我妈："你说，你男人到底跑哪儿去了？"妈不回答，他打了妈一巴掌："说，他还欠着我好大的一笔账呢！"

妈推开胡汉三的手，直挺挺地站在屋中间，没有理睬他。

胡汉三忽然看见了我，过来把我抓住："说，你爹跑哪儿去了？"我记住刚才妈教给我的话，什么也不说。胡汉三见我和妈妈一样，他的牙咬得咯吱咯吱响，一下子把我推倒在地上，照着我的肚子踢了一脚。我痛得喊了一声，但是我没有哭，站了起来，什么也不讲。胡汉三又按着我的头问，"说，你爹跑哪儿去了？"我抬眼见胡汉三的手就在我的头上，突然把两手一伸，狠命地抓住他的手，使劲往下一拉，一口咬住了他的手指头。他像杀猪似的喊叫起来，乱摆着手，想要挣脱。我狠命地咬着，一心要把它咬断。他见我不松口，另一只手就去掏身上的枪。旁边的几个白狗子也过来扯我。妈妈见势不好，过去喊我松了口，把我拉在了她的身后。胡汉三手指头呼呼地向外淌血，他痛得直抽着脸，想用枪打我。妈妈用身子遮住我，一面高声喝道："你要干什么？向着孩子使什么厉害，有本事找红军去！"这时候门外围了很多很多的人，他们见胡汉三拿着枪要打我，全都拥进屋里，一齐向他喊着："你敢！凭什么打人！"

"红军走得还不远哩！"

"伤了人，要拿命抵的！"

众人一吵嚷，胡汉三势头软了。他掏出一个手绢来把手缠上，一面喊着问众人："啊？你们说什么？谁说的？"他一问，大家反而一句话也不说了，全瞪着眼睛看着他。他哼了一声，"跑得了和尚，跑不了庙，往后日子长哩，欠我的账，我要一笔一笔和你们算!"他叫扛枪的白狗子把众人赶开,给他让出一条路来,铁着脸,抱着手,走开了。

自从胡汉三来了之后,妈和我随时提防着。晚上,妈带着我在后面院子的墙脚下挖开一个洞,准备一有动静就爬出去。洞外面有一丛毛竹挡着,外人看不见,那是通向一个大山沟的。里面的洞口上用一块青石板挡着,还盖上一堆茅草。

几天过去了,胡汉三再没来过。可是夜间妈妈时常出去,天不明时,又回来了。有一次我问妈出去做什么,她说:"大人的事,你莫问,莫胡说哟,妈哪儿也没去,你好好睡吧!"我知道她不肯向我说。

自从胡汉三回来之后,柳溪就变样了。赤卫队没有了,街上常晃荡着几个穿灰皮的保安团的白狗子。乡工农民主政府没有了,胡汉三当了"团总"。红军临走时在墙上写的标语,胡汉三叫人把它涂掉了,在上面写上另外的字。白天,街上没有人唱歌,没有人喊口号,也看不见鲜明耀眼的红旗。就连那天也变了,天空灰灰的,阴沉沉的。

这时我更想念爹,想念红军,盼望他们赶快回来,来打这些白狗子。过了旧历年,快出了正月了,我想这已是春天了,花该开了吧!一天傍晚,我又爬到南山顶上,去看山上花开了没有。我是多么盼望着花快点儿开呀!我察看着山上的花,花还都没开。我眯上了眼,希望再一睁眼时,山上全变了,所有的花都开放了。忽然,有人在背后喊了我一声。我一惊,回头一看,见一个打柴的人站在我身后。他把头上的竹笠向上推了推,我一下认出来了,是修竹哥!"修竹哥!"我又惊又喜地叫了一声。修竹哥问我:"你妈在家吗?"我说:"在。"他又说:"回去告诉你妈,就说今天半夜我到你家去,听见门上连敲三下,就开门。"我点头说:"知道了。"又问他,"修竹哥,我爹什么时候回来?"修竹哥说:"他在很远的地方打仗,怎么能一时就回来?"我说:"胡汉三又回来了!"修竹哥抚摸着我的头,眼望着冷冷清清的庄子,停了一会儿,深沉有力地说:"一定要消灭他们!"后来,他见山下有人走,便轻声地向我说:"记住我刚才说的话;回去告诉你妈,千万莫跟别人说呀!"说罢,他就转过山头,向山里去了。

我见修竹哥已经走得没影儿了,便跑回家把他的话悄悄地跟妈说了。妈听了这话后,脸上有点儿笑容,自从胡汉三回来,妈从来没有笑过的。

晚上,妈妈收拾我睡下,她自己却坐在床沿上等着。她把小油灯用个竹篮遮着,外面看不到一点儿光。我原来也想等着看修竹哥来,可是躺在床上,一会儿就睡着了。

我在睡梦中,似乎听到什么声响。因为知道修竹哥夜间要来,我猛地一下睁开了眼,借着那小油灯的微光,见妈正和修竹哥在小声地说话。修竹哥说:"现在环境是艰苦了,但是我们必须坚持斗争。"妈说:"众人都盼望红军回来哩!"修竹哥说:"红军北上抗日了,暂时回不来,千斤担子现在就落在我们身上了。"停了会儿,妈说:"胡汉三想笼络人心,现在还没下毒手。大家也都和他顶着,他想成立民团,要粮、要枪、要人,可是众人什么都不出。我昨夜去串了几家,大家的心都很齐,拼死也不出粮,不出枪,不出人。"修竹哥说:"对,要把革命群众组织好,坚决抗到底,粮、枪、人,坚决不能出。"随后修竹哥又向妈说,"你入党的事,党支部已经批准了,从现在起,你就是党在这个村子里的一个战士,你要领着大家同敌人斗争。"我见妈紧紧握住了修竹哥的手,稳稳地说:"我听党的话,党叫我做什么,我就做什么。"

修竹哥说:"现在宣誓。"

我见妈妈跟着修竹哥站了起来,修竹哥举起了拳头,妈妈也举起了拳头。修竹哥低沉有力地说一句,妈也用低沉有力的声音说一句。

夜静静的,墙壁上映着他俩举起拳头的影子。我觉得这时刻那么庄严,修竹哥和妈妈的身影那么高大。我压住呼吸,不敢出声,浑身上下感到热腾腾的。一下子,我对"革命"比以前懂得多了:革命就是靠这些共产党员带头干的,他们就像修竹哥和我妈一样,白天黑夜领着人们开会,风里雨里带领队伍打白狗子,一个心眼儿专为穷人办事,在坏种面前不说一句软话。他们一个一个都那么刚强,原来他们都举着拳头宣过誓呀!我什么时候也能像他们一样,也举起拳头说刚才修竹哥领着我妈说的那些话呢?

宣完誓,修竹哥又和妈说了一些怎么领导群众同敌人斗争的事。后来妈问修竹哥:"你知道冬子他爹这会儿到了什么地方吗?"修竹哥说:"他们现在已经到了四川了。"说到这里,修竹哥着重地说,"在长征路上,党中央在遵义开了个会议,纠正了'左'倾的错误路线,确立了毛主席在党中央的领导地位,红军在毛主席指挥下,接连打了许多胜仗,扭转了被动的局面。"

妈说:"还是毛主席领导得好哇!"

修竹哥说:"听传来的消息说,行义同志带领的那支部队打得很好,他现在已经当了营长了。"妈似乎笑了笑,我想爬起来问修竹哥,四川在什么地方,爹带领的那支部队消灭了多少白狗子。就在这个时候,忽然外边狗咬了起来,妈忙吹灭桌上的小灯,听着外边的动静。这时就听有一阵脚步声奔我家门口走来。妈忙到床上来摇我,其实我早已醒了,妈一摇我,我急忙就起来。妈刚摸着黑替我把衣裳穿好,就听有人来敲门了。妈没回声,把小包袱向我怀里一塞,臂里抱着我,一手拉着修竹哥就往后院里走。到了通外面的墙洞前,妈把我放下,拉开了茅草,掀起了石板,小声地向修竹哥说:"你快爬出去!"修竹哥顺着洞子爬了出去,妈又把我也推出了洞口。当她自己的身子也探入洞口,这时前边的大门已几乎被撞倒了。妈忽然把身子撤了回去。修竹哥在外边着急地问:"你怎么不出来?"妈说:"不行,这样敌人会发觉的,你快带着冬子,顺着山沟跑吧!"修竹哥说:"不行,你不能留下!"妈听外边门打得更急,也没理修竹哥,只从洞口递过来她的一件夹袄,说:"给冬子披上,你们快走吧!"说罢,忙用青石板把洞口堵上,把茅草盖好,回身就向前走去。就在这时,我听见大门让人撞开了,几个人闯进我家里。我替妈妈担心,想喊又不敢喊。忽然我听见一个家伙喊道:"你为什么不开门?啊?"这时我的心快要从嘴里跳出来,我埋怨妈妈:你为什么不从这个洞里出来呢?白狗子要是抓着你怎么办?接着就听到一个很熟的声音问道:"有人到你家来没有?"

没有回答。

"你家孩子呢?"

没有回答。

接着还是那个声音说:"他咬了我一口,今天我要把他的牙全敲掉!"

我听出来了,这是胡汉三。

"说,你把那个人藏哪儿去了?你的孩子呢?"胡汉三凶狠地逼问着。

还是没有回答。

我知道妈妈让他们抓住了,急着要从洞口钻回去。修竹哥紧紧搂住我,他的脸紧贴在我的脸上,附在我的耳边说:"莫动。"说着他把我放在一块大石后面,从身上掏出了匣子枪,轻轻地爬上了墙头。这时我又听到院子里胡汉三说:"不说,给我搜!"接着就听见有人在院内翻茅草。我正在着急,忽听见墙头上"砰"的一声枪响,是修竹哥开枪了。接着又是一声、两声、三声枪响,我好像听到墙内倒下两个人。这时我听修竹哥在墙头上大声喊:"一班从左,二班从右,包围!"我又听到很多脚步声慌乱地向前边跑。接着修竹哥又放了两枪。我当时很奇怪,修竹哥不就是一个人吗?怎么还有一班二班呢?我正想着,忽然见妈妈一下子从洞口出来了。这时修竹哥从墙上跳下来,妈妈说:"他们都吓跑了!"修竹哥说:"快走!"说着背起我来,和妈妈一起,拨开竹丛,顺着山谷大步走去。

  天快亮的时候,修竹哥把我背到老山深处的一片林子里。在这里我见到几个熟人,他们全是柳溪赤卫队队员。还有许多人,我不认识。我问修竹哥,赤卫队员都到老山里来干什么,修竹哥说:"我们打游击了!"打游击是什么呢?我也不大懂。经过一夜的周折,我累了,修竹哥让妈妈把我放到一个山洞里,我不知不觉地就睡着了。

  不知睡了多长时间,我醒了,睁眼一看,见头底下枕着小包袱,身上盖着妈的夹袄。我翻身喊了声"妈",再四下一看,见是在山洞里。洞里没有人,我便走出洞来。这时我才看清,四下里全是高山大树。在一棵大树下,修竹哥正和赤卫队员们谈话,妈也在当中。修竹哥说:"现在各庄的敌人要搞反革命武装,想用这些武装来对付我们。所以我们必须发动群众,和胡汉三这群白狗子斗争,不出枪,不出粮食,不出人,让敌人什么也抓不到手。荆山、柳溪、彭岗,都要去几个同志。"修竹哥说了这些话之后,就分派几个人到这三个地方去。这时我听妈说:"我也去柳溪吧,那里的人我熟。"

  修竹哥说:"昨天晚上你跑了一夜路,这会儿休息一下吧!"

  妈说:"多去一个人,就能多做一点儿事,不用休息,让我去吧!"

  修竹哥说:"也好。"又向身旁的一个叔叔说:"陈钧同志,你和冬子妈去柳溪,晚上进去,下半夜就出来。"说着拿出一颗手榴弹给陈钧叔叔,陈钧叔叔把手榴弹掖在腰里。

妈过来看了看我说:"冬子,莫乱跑,妈有事,明天就回来。"妈妈刚才向修竹哥说的话我都听见了,就高高兴兴地看着妈妈向山下走去。

第二天上午,妈还没回来。我问修竹哥:"哪儿是柳溪呀?"修竹哥指着一个方向告诉我:"在那边,远着呢!"我就坐在一块石头上,不断地向那个方向望去。

太阳快要落的时候,我见山下走来一个人。我一看,正是和我妈一起到柳溪去的那个陈钧叔叔。我就问他:"叔叔,你是从柳溪来的吗?我妈妈呢?"陈钧叔叔看了看我,什么也没说,就把我抱了起来。我想,这叔叔好怪哩,为啥不说话呢?他抱着我来到一棵大树下,见修竹哥在那里,把我放下来,还是什么也没说,一下子就坐到了石头上。修竹哥看了看他,又看了看我,然后才问陈钧叔叔:"柳溪的情况怎么样?"陈钧叔叔长长地抽了口气,又把我拉在他的怀里,还没说话,眼泪就流出来了。

"怎么啦?"修竹哥的脸色白了。

"冬子的妈牺牲了!"

"啊!"我先是一愣,立即就"哇"的一声哭了起来,向着柳溪的方向跑去。陈钧叔叔忙过来把我抱住:"你上哪儿去呀?"

"我去找妈妈!"

"你不能去!"

我要去看我妈,我不愿陈钧叔叔抱住我,他不放我,我就乱踢乱蹬,陈钧叔叔还是把我抱了回来。

"妈妈!"我大声哭着。陈钧叔叔把我安放在一块石头上坐下,修竹哥向他说:"陈钧同志,你快把具体情况谈谈。"

陈钧叔叔说:"我和冬子妈是夜间进的柳溪,我俩串了几家,把当前的斗争情况和群众讲了,大家心都很齐,要坚决和胡汉三斗。

可是当我们串完了最后一家，准备出庄的时候，一下子碰到胡汉三带着一群白狗子向我们包围来了。我扔出了唯一的一颗手榴弹，和冬子妈向庄外跑，可是敌人死死地追着我俩。正在紧急的时候，冬子妈一下把我推到一条小河沟里，让我顺着河沟往山边跑，她就伏在河沟旁，从地下摸起石块向敌人打去。我喊她快跑，她却高声地向我说：'快回去向组织报告，别管我！'说着，她一面向敌人扔着石头，一面朝远处去，把敌人引到她那边去，掩护我脱离了危险……"

听了陈钧叔叔的叙说，站在我周围的赤卫队叔叔们全都显出敬佩的神情。

陈钧叔叔接着说："为了探听冬子妈的消息，我没有立刻回山上来。天亮的时候，我装作一个过路的人，又转到柳溪的庄头上。听乡亲们讲，冬子妈不愧是个共产党员，从她被捕起，一直没张过口，什么也没说。胡汉三对她没办法，就把她吊在大树上，下面架起一堆火。庄里的乡亲们高喊着向大树下涌，要救冬子妈。可是胡汉三让保安团白狗子端起了枪，四下里站了岗，老乡们都闯不过去。这时冬子妈见来了很多群众，她张口说话了。她高声说：'乡亲们，莫要害怕，白狗子天下长不了，红军就要回来了！你们不要听胡汉三的话，不要给他们粮，不要当保安团……'后来，树下的大火烧起来……"陈钧叔叔讲不下去了。

这时，我的眼前像燃起一堆火，在那火光里我看见了我妈妈：她两只眼睛大睁着，放射着明亮的光彩，她的一只手向前指着，在她的手指下面，胡汉三害怕地倒退着。妈妈的另一只手握着拳头举起来，像前天晚上那庄严的宣誓。火光越来越大了，妈妈浑身放着红光……

赤卫队员们一个个铁着脸，握着拳，忽然一个同志说："吴书记，下命令吧，下山去把胡汉三他们消灭掉！"

"打吧！吴书记！"高山上爆发着赤卫队员的喊声。

"给我妈报仇！"我向着修竹哥哭诉着，"下山把胡汉三和白狗子全杀死！"

修竹哥考虑了一下，下了决心："对胡汉三这样凶恶的敌人应给予狠狠的打击，一来可以杀一杀敌人的凶焰，二来对周围的群众也是个鼓舞。"他下达了命令，"集合！"

赤卫队员们，立即雄赳赳地在大树下列好队。他们把乌黑的钢枪扛在肩上，把雪亮的大刀提在手中，梭镖的红缨迎着山风抖动，人人脸上闪着复仇的光焰。赤卫队要战斗去了！要去杀胡汉三了，要为我妈报仇去了！我擦了擦脸上的泪，大步走到了队伍的末尾，也直挺挺地站在队伍里。

队伍出发的时候，修竹哥让一位上年纪的赤卫队员和我留在山上，他说："冬子兄弟，你留在山上吧，现在你还扛不动枪，等你长大了，再和我们一起去打仗。"

第三章

第二天,修竹哥带着赤卫队从柳溪回来了,他们昨天晚上打了个大胜仗,打死了十几个保安团白狗子,缴了十二支枪。可是没有捉住胡汉三这个大坏蛋,他跑掉了。

我在山上住了几天,才知道赤卫队已经成了游击队。因为红军上北方去打日本鬼子,白狗子把兵调来打赤卫队,赤卫队人少,便退到山里,瞅空子跟白狗子打仗,有时候跑到这里打一阵,有时候跑到那里打一阵,所以叫游击队。

我在游击队里,给他们添了不少麻烦,一走不动,陈钧叔叔就背着我,他背累了,别人再换着背。

一天,修竹哥从山下回来,带来了一个老伯伯。过了一会儿,修竹哥把我喊了去,向我说:"冬子兄弟,我给你找了个地方,让你住下来。"我向修竹哥看看,又看看那个老伯伯,老伯伯朝着我笑笑。修竹哥说,"这是宋伯伯,他把你带下山去,你就在他那里住下。"

"我不去。"我说着,泪花在眼里转。自从妈妈死后,修竹哥就是我的亲人,游击队就是我的家,我怎么能再舍得离开呢?修竹哥把我拉过去,抚着我的头说:"我们这里要打仗,要跑路,你人小,在这里住不安全哪。你跟宋伯伯去吧,他会疼你的。我常去看你。"我说:"我长大了,要给妈妈报仇;我去了,怎么给妈妈报仇哇?"修竹哥说:"你长大还早哩,你妈的仇我们给你报。等你长大了,我去把你叫来。"我还是靠在修竹哥的身上,抓着他的衣角。宋伯伯凑到我跟前说:"冬子,你莫拗哟,他们天天要打仗的,背着你碍事呀。"我看看宋伯伯的脸,他的脸是慈祥的。他拉着我的手,把我拉了过去,我觉得他的手是那么宽厚、温暖,和我爹的手一样。

  这时,修竹哥把我妈给我的那件夹袄和小包袱拿来,交给宋伯伯说:"老宋同志,你费心,这孩子是革命的后代,我们一定要把他抚养好,等潘行义同志回来时,我们好交给他。"宋伯伯说:"吴书记,你放心吧,只要我这条老命还在,我就让冬子好好成长。"说着他提起小包袱,把我妈的夹袄披在我身上,拉起我的手说:"冬子,跟我走吧。"我跟着宋伯伯往山下走,修竹哥、陈钧叔叔,还有好几个人,把我们送了好远。转过一个山环,修竹哥拉着宋伯伯的手说:"老宋同志,冬子可是在革命根根上长出来的一棵芽芽,你千万要照看好了!"宋伯伯说:"我知道,都交给我吧。"修竹哥又拍拍我的头说:"跟宋伯伯去吧!"我连连喊了几声:"修竹哥!修竹哥!"又恋恋地看了看老山,宋伯伯怕我走累了,就背着我下山了。

  宋伯伯的家就在山下的一个小庄子里,家里只有他一个人。我到他家里以后,他向邻人说,我是一个过路的穷人送给他的,他要收我做儿子。他让我叫他"大爹"。

  开始的时候,修竹哥、陈钧叔叔都来看过我,以后就来得少了。我常听说游击队在什么地方打了仗,消灭了不少白狗子。我要上老山去见游击队,大爹不带我去,我又不知道路,也只好不去。转眼之间,天暖和起来了。

  天暖和了,我想起妈妈的话:南山上花再开的时候,爹就能回来。当山上草绿了的时候,我爬上山,去看花开了没有。这时,花还没开,可是那开花的野棵棵已经抽芽了,长叶了。我想,再过些时候,它就会开花了。

一天,我跟大爹上山打柴,老远老远,我看见一个黄点点一闪一闪的。我跑近前一看,原来在一块岩石前面,一棵枝枝上开了朵小黄花。这朵小黄花有八个瓣,迎着阳光,水灵灵的,黄艳艳的,好鲜亮哟!我高兴地叫起来,说:"爹要回来了!"大爹惊奇地走过来看看我,我说,"大爹,你看,这花开了。我妈说的,南山上花开的时候,我爹就回来,红军就回来。"说着,我找了块高石头爬上去,向山下的大路上望着。大爹也在一块石头上坐下来。

过了老大一会儿,大爹说:"冬子,回家吧。"我仍不肯下来,向山下的大路上望去。天晚了,路渐渐看不清了。这时,大爹爬到石头上把我抱下来,亲了亲我的脸。

第二天天一亮我就起来了,催着大爹上山去打柴。虽说只隔了一天,山上的花开得更多了,有黄的,还有红的和白的。我的心和那些花一样,也开放了。我爹要回来了,红军要回来了,要给我妈报仇了,要抓起那个胡汉三,要叫他戴高帽子游乡,要枪崩了他!想到这里,我把我的衣底边撕开来,从那里边掏出爹给我留下的、妈给我缝起的红五星。那红五星在太阳光下一照,是那么鲜艳,像一朵鲜红鲜红的花。大爹带我到一块高石顶上坐下来。他拿过我手中的红五星看了看,抚摸着我的头说:"冬子,什么时候你的帽子上也能安上这红五星就好了。"我说:"爹一回来,我就把它缝在帽子上。"大爹点点头,叫我把红五星再塞到衣底边里去,告诉我到家再缝好。我心想:就不要缝了,爹一回来,我就把它戴在头顶上了!

我看着山下的大路,心头涌起战斗的情景:我耳边像听见了激烈的枪声,我像是看到大队红军向敌人冲去,一面大红旗迎着枪声呼呼啦啦地飘动着,那红旗下面有端着机枪的,有挺着刺刀的,有举着匣子枪的,有抡着大刀的,全喊着"杀"声,勇猛地向敌人冲去。敌人一个个倒下了,逃跑了,被消灭了!那大红旗越飘越大,越飘越大,所有的山,所有的水,整个大地都红了!红军回来了!爹回来了!

　　大爹和我一起坐在山头上。太阳偏西的时候,我见大爹站起来,两眼不转地向一个山头上望去。那山头上,立着一棵挺拔的大青松,那高高的青松,树干像铜又像铁,青铮铮、黑灿灿,那一丛丛松叶,像针又像剑,绿油油、亮晶晶。一阵大风吹来,那棵青松迎风呼啸,显得更加精神。大爹忽然向我说:"冬子,你看那青松高不高?"

　　我说:"高。"

　　大爹又说:"你看那青松硬棒不硬棒?"

　　我说:"硬棒。"

　　大爹说:"冬天下雪,秋天下霜,那青松叶子败不败?"

　　我说:"不败。"

　　大爹说:"它高,它硬棒,它不怕雪、不怕霜,好不好?"

　　我说:"好。"

　　大爹说:"对,我们要像青松一样啊!"

　　我虽然还不能完全理解大爹的话,却完全同意地点了点头。大爹又说:"红军走了,白狗子要凶一阵子的,但是我们不怕,我们要像那青松一样,风再大,不低头,雨再猛,不弯腰。"

　　我昂着头看着大爹,见他那古铜色的脸上布着深深的皱纹,刚毅的眼睛里闪动着坚定的目光,他多么像那高山上的青松啊!

　　大爹接着说:"冬子,你不但要记住你妈的话,更要学她那样硬骨头。"

　　我点点头,记下大爹的话。是的,我妈妈多刚强啊!她也像那山头上的青松。

大爷指着遍山的花,又对我说:"花到了春天就开了;打败了日本鬼子,红军就会回来的。不论等多久,冬子,你莫忘记你爹是个红军!"

听了大爷的话,我心里热乎乎的。我想着爹是跟着红军闹革命的,我也要学爹那样闹革命;我又想起妈妈牺牲时对乡亲们说的话:"白狗子天下长不了,红军就要回来了!"是呀,红军一定会回来的,爹一定会回来的!

我在大爷家里住过了这个春天。接着夏天来了,秋天来了,冬天也来了。

一天晚上,北风呼呼地刮着,大雪纷纷地下着。我在油灯下打开爹给我留下的那本列宁小学课本,大爷在一旁指点着,既教我认字,又给我讲书上的道理。大爷小时候念过一本《三字经》,那课本上的字,他大都认得,有不认识的,就照着意思往下顺,也就都念下来了。爹临走时嘱咐说:"要是工农民主政府还存在,要是能念书,就送他上列宁小学。"可现在呢,我没有进列宁小学。我从游击队来到大爷的小屋里,大爷把活生生的革命斗争,结合书上的道理和文字一起教给我。所以那书上的话,我记得更深:

　　工农,工农,
　　工农不能忘,
　　手中没有枪,
　　永远做羔羊。

　　要翻身,要解放,
　　快快来武装!

书上的话时时在我耳旁响起,直到上床睡觉了,那"要翻身,要解放,快快来武装"还在我脑子里萦绕。

我做了一个梦,梦见我回到了游击队里。啊哟,有那么多的人来参加游击队呀!有男的还有女的,都排着队在那儿领枪。我也想领一支枪,便也排到那队伍里去。可是发枪发到我跟前时,只发给我一支红缨梭镖。红缨梭镖也很好哇,我扛着它,到处走,可神气啦!忽然我见有一群人喊着口号过来,我近前一看,原来是大土豪胡汉三被绑着游乡哩!我哪能饶得了他!我跑到他跟前,拿起梭镖就要捅他。可就在这时,我的手让谁抓住了。我挣扎着,一下子醒了,睁眼一看,嘿,屋子里连坐带站的,满满一屋人,吴书记正在摸着我的胳膊哩!我陡地坐了起来,一把拉住吴书记:"修竹哥!"我一边喊着,一边跳下床来。

"冬子!"修竹哥和屋里的人全都喊着我。我一看,呀,全是我们的游击队员!我说:"你们怎么来了?"

修竹哥说:"路过这儿,来看看你呀!"

大爹说:"他们打了个胜仗,把驻在南山的白狗子老窝抄了,得了二十多支枪。"

我一听,可高兴啦,便说:"也发一支枪给我吧,刚才做梦还发了一支枪给我哩!"

屋里的人全笑了,修竹哥说:"做梦都想要枪,好哇!不过你现在还扛不动枪,快点儿长啊!"屋子里的人又都笑了起来。这时又陆陆续续地进来不少人,这些人全是我们房前房后的邻居。他们见了修竹哥和游击队员们,可亲热啦,顿时屋子里热腾腾的。我们院后的刘三妈也来了,她手里提着六双草鞋,细一看,是用麻和布条打成的。她把鞋递到修竹哥面前:"吴书记,你把这六双草鞋带着。"

"三妈!"吴书记抓住刘三妈的手,"谢谢你老人家。"

刘三妈说:"都是自家人,还说什么谢。"

"我们正缺鞋呢!"吴书记把鞋接过去,又从里面衣袋里掏出一块光洋,"三妈,你收下这钱。"

刘三妈愣住了,她看看吴书记,不大满意地说:"我这鞋不是买来的,是我攒了些布条,自己给你们打的。我知道你们整天跑来跑去的,脚上穿得费呀!"

我看到游击队员们都很激动。吴书记把钱按在刘三妈的手掌上,他的两只手把刘三妈的手紧紧握住:"三妈,你的心意我知道,但是我们军队有规矩呀,毛主席要我们不拿群众一针一线。"

"怎么?"刘三妈把另一只手搭上去,又紧紧攥住吴书记的手,"把我当成什么群众了?我们和游击队是一家人,只是你们在山上,我们在山下罢了!"她抽出手来,把那块光洋"啪"的一声放在吴书记手心里,"拿去,去替革命同志买点儿什么吧!"这时屋子里的人都纷纷地说起话来,游击队员们说要刘三妈收下钱,老乡们就说不要收。后来,吴书记只好把钱放到了口袋里。

不多会儿,又来了些邻居,屋子里挤得满腾腾的。他们全都围着修竹哥,让他给讲讲斗争形势。大爹把一件大袄披在我身上,说:"你到外边看着,见有生人来,就在后窗上拍三下。"我觉得我像个去站岗的战士一样,高高兴兴地到门外去站着。

外边风不刮了,雪也不下了,站在门外看看庄里,我见有几家茅屋里也亮着灯。我想,那灯下准也有游击队员给老乡讲斗争形势,也准有像刘三妈那样的群众把自己积攒下来的什么东西送给游击队。我想,为什么群众那么拥护游击队呢?是因为游击队爱护人民哪!看,游击队够困难了吧,可是他们还要拿出光洋来给鞋钱。

过了一会儿,从庄里走过来一个游击队员,他到屋里去不久,修竹哥和游击队员便走了出来。老乡们全都跟在后边。

我拉着修竹哥:"你们又走了?"

"我们走了!"修竹哥抚着我的头,"好好听宋伯伯的话。"我点点头答应着,拉着修竹哥的手,和乡亲们一直把游击队送出庄子。

送走了游击队,我和大爹回到屋里,见油灯下放着一张纸条。大爹把纸条拿起,见纸条下放着一块光洋。他拿纸条凑在灯前看,我也伸过头去,见上面写着:"请三妈收下这块钱,谢谢。"大爹拿起这块钱,激动得手都有点儿颤抖。他把钱和纸条一起拿着,去找刘三妈,我也跟着他来到刘三妈家里。大爹把纸条上的话向刘三妈念了,把那块光洋放在刘三妈手上。刘三妈托着那块光洋,想了一下说:"好,我拿这块钱去买些麻来,再去捡些布条,给他们多打几双鞋!"大爹听了点点头,默默地从衣袋里把前天卖柴的钱也掏出来交给刘三妈:"把这钱也添上,多买点儿麻,多打几双!"我被两个老人的行为感动了,我摸摸身上,我什么也拿不出来帮助游击队。我想,我只有快快地长,长大了,我把我自己全交给游击队。

长啊,长啊! 一个个春天过去了,我在大爹这里,整整过了六个春天。

第六年的春天时,我已经十三岁了。我几次要求大爹带我到老山上去找游击队,大爹总是摇摇头。这期间陈钧叔叔也来过几次,修竹哥也来过,但都说我还小,不愿带我去当游击队员。

一天,我又叫大爹带我到老山去找游击队。我觉得我都十三岁了,应该去替妈妈报仇了。大爹见我一说,还是摇摇头,他说:"冬子,你莫心急呀,你会去当游击队员的,可是现在还不是时候。"我说:"要到什么时候呢?"大爹说:"到时候,吴书记会派人来叫你的。"我说:"吴书记在哪儿啊? 我都一年多没见到他喽。"我现在也把修竹哥叫吴书记了,还是上回他送钱来给大爹,我才见到他一次,已经一年多了。大爹说:"这些事情你莫要问,该怎么办,他会给你安排的。"

我知道大爹不会带我去上老山,可我又想见吴书记和游击队,吃罢早饭,我拿了条绳子和扁担,说上山打柴,就直奔老山去了。

我爬过两个山头,见前面有好几条小山路。我想,哪一条是奔老山的呢?又怕回来的时候走迷了路,心想,我找一条最宽的路走,回来的时候,我还找最宽的路回来。就这样,我向前走着,碰到有两条路的时候,就拣宽的一条走。一会儿走到山岗上,一会儿又走到山涧里,这些我都不管,只想着进山里找到游击队。在路上,我也碰到过几个人,但是我不敢问,我怕给游击队泄露了秘密。走着,走着,路两边的毛竹多起来了,山上的树木也多起来了,我想,这儿快有游击队了。再往前走,就没有宽路了,全是些窄窄的小道,还都是弯弯曲曲的。我想,这再怎么走呢?这可容易摸迷呀!后来我又想了一个办法,找了一条通高山的路往上爬,每走不多远,就在路边插一根小竹竿。这样,我又继续往山上走。

我走着,爬着,也不知走了多长时间,忽然我在一棵大树下停下来了。咦,这个地方我好熟哇!我再向前面一看,呀,那不是我睡过的山洞吗?那边一块石头,我不就是在那个地方听陈钧叔叔说我妈让胡汉三烧死的吗?对,我在这树下哭着喊过我的妈妈。是这个地方,六年前我跟游击队住过的地方!我跑进我睡过觉的那个山洞,洞里空空的。我走出山洞,又爬到一个高岗上向四下看看,四下里连一个人也没有。我想喊一喊吧,他们也许能听见的。于是我站起来,放开了喉咙高喊着:"游击队!吴书记!陈钧叔叔!"还是没有人回答。游击队到哪儿去了呢?我多么希望在这里能看到那些熟悉的亲人的笑脸。看到那坠着红穗子的大刀,我多么希望马上被吸收成为一个游击队员,跟着队伍去打白狗子呀!

我知道游击队在继续战斗,就是一时找不到他们。没找到游击队,我只好向回走。这时我想起大爹,我的心慌了,我出来时,一声也没跟他说,他这半天见不到我,不着急吗?对了,我得赶紧回去,以后有机会再来找游击队;我总会找到他们,和他们一起去打白狗子的!我站了起来,往山下走。幸亏来时做了些记号,下山时没有走错路,不知不觉又回到了那条宽路上。一到宽路上,看看太阳,已经坠到了西边。天已经晚了,我加快了脚步往下走。

　　走到一个大路的岔道口,见迎面来了一群人。我心里猛地一亮,心想,是游击队来了吗?我忙凑到跟前一看,不觉得一愣,咦,一个家伙挑的个啥旗子呀?那旗子是一块白布,中间一个圆圆的、像膏药一样的红蛋蛋。我再一细看,他们也有扛枪的,也有挂刀的,可是连一个熟人也没有。这些扛枪的家伙,穿的是黄军装。我心想,这准是白狗子。他们见我扛了根扁担,带着根绳子,也都没管我,就顺着山路向山里去了。可是当他们快过完的时候,我看到一个很面熟的人走在后面。这个人穿着长衫,戴着呢帽,当他的眼光和我的眼光碰在一起时,我立刻认出来了:胡汉三!他那两只狼一样的眼睛,我是不会忘记的。我的血冲上了头,两手紧握肩上的扁担。因为我的眼一直瞪着他,他也注意地看了我两眼,眼看着他走过去了,我心里恨得不得了,很想举起扁担从他的后面打过去。就在这时候,胡汉三忽然又回过头向我上下看了看。他站下来,转过身问我:"喂,小孩儿,你姓什么?"经他一问,我倒冷静了,我想,我一个人是对付不了他们这些人的。我没理他,转身就往山下走。他见我走,又提高了声音说:"喂,站住,别走!"我听他一喊,更觉得停不得,撒腿就往山下跑!我跑着,听到后面有人乱喊,喊什么,我也听不清。后来又听到头顶"砰"的一声,他们放枪了!我不管,还是飞快地向山下跑……

　　我跑到庄头上,见大爹正在庄头四下里望着。我跑到他跟前,急急忙忙地说:"白狗子追我,胡汉三来了!"大爹见我再也撑不住了,便把我背了起来,又回身向山里望望,迅速地背我向家里走。

走到家里，大爹从锅里拿出两个米团子给我，拉着我就往后院走。走到后墙的一棵椿树下，慌忙地把我扶上了树，说："快翻到刘三妈家去。"我也来不及说什么，从树上翻过墙头，跳到刘三妈的后院里。我心想，已经逃过胡汉三的眼了，也就平静下来。肚里实在饿了，便坐在墙根下吃起米团子来。

我刚吃完一个米团子，忽听大爹院里有人吵吵嚷嚷。我连忙侧过耳朵去听。我一听，不由得一惊，原来是胡汉三找我来了。就听他说："你说，你那个孩子哪儿去了？"

大爹说："去打柴了，还没回来。"

胡汉三说："回来了，我是脚前脚后撵过来的，有人看见你把他背回家来了。"

大爹说："没有。我今天下晚就没离家门。"

"你还嘴硬！"我听见"啪"的一声，大概是大爹挨了一巴掌，"你说，你这个孩子是哪儿来的？"

"在路上，一个过路的穷人送给我的。"

"这孩子姓什么？"

"姓王。"

"他不姓王，姓潘！剥了皮我也能认得他，他咬过我一口呢！"我又听到一巴掌，"说，你把他藏哪儿去啦？"

"我为啥要藏他呢？我孩子又不偷不抢的，有什么见不得人的？"大爹还是像平日一样讲话。

"你说他是不是姓潘？"胡汉三发狠地追问。

大爹说："他爹说他姓王，我怎好说他姓潘哩？要么，就姓我的姓，姓宋也好哇！"

"你别跟我装！我搜出他来，他自己会说的！"胡汉三说着就下了命令，"搜！"

这时我听到大爹生气了，他提高了声音说："你们凭什么跑到我家里来搜？你是柳溪的，怎么能管到我们茂岗呢！"

"嘿嘿！"胡汉三冷笑了一声，"天下都是皇军的，哪里我都能搜！"

我听了这话有点儿纳闷，他们不是白狗子吗？怎么又成了"黄军"了呢？是他们穿着黄军装吗？我正想着，就听大爷说："你们不能搜，我又不犯法，你们凭什么到我家乱翻腾？"

我听到他们要搜，就轻轻地走到刘三妈的鸡棚后面的一个小夹道里躲起来。

那些叫"黄军"的没有搜着我，就向胡汉三报告。胡汉三又大声地骂起大爷："你个老东西，快说，那个姓潘的孩子藏哪儿去了？"

"那不是什么姓潘的孩子，是姓王，他打柴去了，还没有回来，要不，我可以带你们上山去找。"

"哼！天黑了，带我们上山，要我们吃游击队的子弹哪！"

游击队？游击队就在这山上啊！我白天怎么没见到他们呢？要是我见到了，带他们来打死这些叫"黄军"的白狗子有多好哇！

"好吧，要是你不愿交出那孩子，就得把你带走。"胡汉三又说话了。

大爷说："为什么要带走我呀？我好好的一个老百姓。"

"你窝藏奸匪！"

"什么是奸匪呀？我可啥也不知道。"

"实话告诉你吧！"胡汉三说，"我们是进山剿匪的，一个奸匪跑你家来，你把他藏起来了，你要是不交出来，就把你带去交给皇军！"

大爷提高声音说："你要的那个孩子已经跑了，你叫我交什么给你呢？"

"跑了？跑哪儿去了？"

"你不是说,你们从山上撵下来的吗?我知道让你们撵哪儿去了!"

"他跑了,你顶着,走!"

我听到院子里有走动的脚步声。我急起来了,他们真要带走大爹吗?我又轻轻地走到墙根前,蹬着墙缝爬上了墙,拨开树叶一看,哎呀,大爹真让他们带走了。我急得身上出了汗,这怎么办呢?正在这时,我见胡汉三忽然停下来,说:"喂,你老老实实地把那个孩子交出来吧,把你带走,你可就没有命了!"

大爹连头也没回,提高声音说:"他已经跑了,我找不到他!"大爹直挺挺地站在那里,胡须抖动着,两只眼睛一眨不眨,他多么像高山上的青松啊!

胡汉三见他的诡计没有用,便照着大爹背上打了一棍:"带走!"

那些穿黄衣裳的白狗子,又是推又是搡地把大爹推出门去了。我急了,刚要跳下墙去救回大爹,这时刘三妈忙跑过来拖住我,小声说:"冬子,你不能去,你下去救不了,大爹还要遭罪的。"我紧紧咬住嘴唇。心里一阵阵发痛。大爹呀,大爹,你抚养我六年多,为了救我,你就那样被叫"黄军"的白狗子带走了!我一定要去找到修竹哥,把你救回来!

第四章

  自从大爹被胡汉三抓走以后,白天我不能在家里待着,只有到了晚上,我才从刘三妈的后院翻回家来。大爹被抓走的第二天晚上,陈钧叔叔来了,他告诉我,大爹被押在城里的大牢里了。我问陈钧叔叔:"大牢在什么地方?我要去看大爹。"陈钧叔叔说:"大牢是白狗子关押好人的地方,不能去。"我说:"不能让大爹关在那儿,要快点儿把他救出来。"陈钧叔叔说:"你莫担心,吴书记会想办法救他出来的。"我说:"是去打白狗子吗?"陈钧叔叔说:"白狗子和黄狗子混到一起了,要看准机会才能打他们。"陈钧叔叔一说,我想起一件事来,便问他:"为什么白狗子又叫了'黄军'了呢?"陈钧叔叔说:"皇军是他们对日本鬼子的称呼。"接着陈钧叔叔又向我说明,"日本鬼子也侵略到我们这儿来了,胡汉三他们白狗子投降外国人了,给日本鬼子当走狗。"

  "噢,白狗子又当了走狗了。"我这才懂得"皇军"是个什么东西。陈钧叔叔又告诉我,明天傍晚的时候到北山根下等着,吴书记要给我再找一个地方。

  我想大爹,心里很难过,陈钧叔叔陪着我坐到半夜才走。

  山里的鸡叫头遍了,我醒了,再也睡不着,便披着衣裳坐起来。屋里黑洞洞的,我就靠在小床上想,先是想我爹,我想他一定在前线上和敌人打仗,我的耳边好像听见枪声、喊声,在那枪声和喊声中,我前天白天见到的那像膏药一样的旗子倒下了,我爹举着大红旗向前冲……

山里的鸡叫第二遍了,我穿上衣裳坐起来。屋子里还没有亮,我还是在想,我想起我妈,我先是看见妈妈向我笑,又看见妈妈向火光走去,妈妈的头发飘起来了,她高举着手,像是高喊着:"乡亲们,莫害怕,白狗子天下长不了……"

山里的鸡叫第三遍了,屋子里微微有点儿亮。我下了床,坐在屋中间的小凳上。我还在想,想起宋伯伯——我的大爹,我看见他昂着头,让白狗子押着向大牢走去,那大牢的门是黑洞洞的。

爹呀,妈妈,大爹呀!你们打仗时向前冲,在白狗子的大火里、刀尖下,你们也不低头,我要像你们一样。我又想起修竹哥和游击队,他们多辛苦哇,从这个山爬到那个山,住在山洞里,吃着红薯团子。是的,我不能再给他们添麻烦了,我已经十三岁了,该懂事了。我要快点儿长啊,长到了十五岁,我就来找游击队,那时我能扛得动枪了,跑得动路了,我要跟他们一起去打白狗子,打那些叫"皇军"的日本鬼子!山里的鸡全叫起来了,屋子里已经亮了。我站起来收拾东西。

我要离开这里了。明天我要到个什么地方去呢?我还会不会遇到一个像大爹那样的好人呢?我把大爹的东西收拾在一起,给他放到一个竹箱子里,把我的东西打成一个小包裹。这时刘三妈和几个邻居进屋来了,他们知道我要走了,不少人给我拿来吃的东西。我多么感谢乡亲们哪,六年来,你们看着我长大,对待我像亲人一样。可是现在我要离开你们了,我向刘三妈、向邻居们说了几声感谢,请他们看管大爹的房子。我又到院子里四下看了看,然后告别了乡亲,提着小包裹,把门锁了,就上山去了。

春天,山上的树全绿了,竹子全蹿起来了,花全开了,天空有鸟

名师导读:闪闪的红星

儿飞着,山涧里的水哗哗地流着,这天多好哇!如果现在还是红色苏区,我会像那鸟儿一样自由,像那泉水一样欢快,会像那春天的万物一样蓬蓬勃勃地成长。可是现在呢?胡汉三的黑爪子到处捕捉我,连大爹的茅屋里我都不能存身。胡汉三哪,白狗子!终有一天,我要跟你们算账的!

我在山上一直等到了傍晚。我要到北山脚下去见修竹哥了。我站起来,向大爹的小茅屋看了看,心想:大爹,等你出大牢时,我再来看你吧!太阳快落了,有点儿凉,我打开小包裹,把妈妈给我的夹袄拿了出来。见到了夹袄,我又想起了妈妈,摸摸夹袄下襟的底边,爹给我的红五星还缝在里边——因为我长大了,原来穿的衣服小了,我就把红五星缝到妈妈夹袄的衣边里。我把夹袄披到身上,向山下走去。

在北山脚下,我见到了修竹哥和陈钧叔叔,见到了修竹哥,我亲得什么似的,拉着他的手,不愿放开。修竹哥也把我的手有力地握着,说了些想念我的话。后来我问修竹哥:"你知道我爹在什么地方吗?"

修竹哥说:"他现在在延安。"

"在延安?"

"是的,他们跟着毛主席,到了延安。"修竹哥一说起毛主席,脸上闪着光彩,"你爹跟着毛主席,经过长征到了延安。现在,他们又在毛主席指挥下打日本鬼子。"

这时我脑子里出现很多影子:打土豪,分田地,开斗争会,爹去长征,妈举手宣誓,游击队同敌人做斗争,这一切,全都是革命啊!全都是毛主席领导的呀!毛主席还要指挥红军打日本鬼子,还领导着很多很多我不懂的事!毛主席呀,你在我们这里的时候,柳溪、茂岗到处飘着红旗,响着歌声,现在你到了延安,延安必定有更好的光景。想到这里,我向修竹哥说:"我也跟毛主席去吧!"

修竹哥笑笑:"我还想去呢!太远了,现在去不成啊!"

我问:"延安在什么地方?"

修竹哥说:"在北边。"

北边,我向北望着,彩霞映得西北天边火红火红的。我心想,我爹跟着毛主席就在那边哪!我要是能变成一只鸟儿飞到那地方去多好哇!

修竹哥说:"冬子兄弟,还是说眼前的事吧!胡汉三到处要抓你,茂岗这地方你待不住了,我叫人在城里给你找个地方,你到城里一家米店当学徒去。"

"上城里当学徒?"我马上摇起头来,"我不去!"这六年当中,我跟着大爹进过两次城,见过一些店铺里的学徒,他们都是些十几岁的孩子,呆呆地站在柜台里,像鸟儿被关在笼子里一样,我才不去呢!

"冬子兄弟,"修竹哥劝着我,"你去吧,你在游击队很不方便,胡汉三又知道你在这个地方,你必须换个新地方。"

"我不去!"我嘟哝着,"跟着游击队,死了我也愿意。"

"不行啊,冬子兄弟。"修竹哥耐着性子对我说,"为什么要你去当学徒呢?因为那样比较安全,在城里我们有个同志,他还可以照顾你。"他见我还不大愿意,又说,"你是革命的后代,组织上必须把你安排好,待你长大点儿再参加战斗。你爹也会打回来的。"

一听爹要打回来,我心里踏实了,就点头依了他。

第二天一早,陈钧叔叔装扮成卖柴人的模样,挑着一担茅柴,带着我进城了。到城里,他把我交给一个刻图章的赵先生,说了两句话,他就走了。

我管赵先生叫赵叔叔。在赵叔叔家住了两天,第三天他告诉我,要带我到茂源米店去当学徒。我带着我的小包裹就跟着他去了。他带我到南大街上,在一家三间门面的米店前停下来。他指着屋里悬挂的一块横匾说:"你看,这就是茂源米店。"我抬头看看横匾。认得"茂、号"两个字,当中那个字好像也见过,但一下子想不起来。我正在努力想那是什么字时,就听米店里有人咳嗽一声,接着走出一个肥头肥脑的矮胖子。赵叔叔一见这矮胖子,笑着说:"沈老板,我把这孩子带来了。"这个叫沈老板的矮胖子上下看了我好几眼,咳了两声说:"啊,土里土气的。"

"是我乡下的一个亲戚。"赵叔叔说,"老老实实的。"

"好吧,上屋里来吧!"沈老板招了下手,我和赵叔叔跟他到一间有门帘的屋里去。刚到屋里,沈老板就向赵叔叔说:"赵先生,押金带来了没有?"赵叔叔伸手到口袋里掏出一叠钞票来放在桌上:"先带来一半,另一半,下个月给你送过来。"沈老板点点头说:"早些送过来。"赵叔叔说:"一定,一定。"这使我很纳闷,我来当学徒,为什么还要先给老板交钱呢?我正在想着,沈老板就向我说话了:"你叫什么名字?"我说:"叫郭震山。"震山,是大爹给我起的大名儿,来的时候,赵叔叔告诉我,叫我改姓郭。

"小名儿呢?"

"叫冬子。"

"还是叫冬子吧!"沈老板又咳了一声,"我说冬子,你看见了吗?"他指着桌上的一叠钞票说,"你以后在这里干活儿,不许偷东摸西的,要是手脚不干净,就得用这些钱来赔。"

我心里很生气,为什么我刚到你这儿,你就把我当贼看呢?我什么时候偷过人家的东西呀?

沈老板又说话了:"三年当中不许你半路上不干,要是吃不了规矩,跑掉了,这个钱得当作饭钱扣下来。"

赵叔叔笑笑说:"不会的,这孩子什么苦都吃得,哪能半路上不干呢?"

沈老板又咳了一声说:"这是规矩,反正三年之后,师徒合同满了,这些钱还如数退给你。"

这时我真想马上就不干,我想起游击队在山里没得东西吃,没得衣裳穿,怎么还能拿些钱交给这个胖老板呢?我看看赵叔叔,赵叔叔也笑着看我,我看出他的眼神是鼓励我干下去。我低下头来了,我想修竹哥他们宁愿自己困难,也要凑出一些钱来,赵叔叔为了我,又向胖老板装笑,又向胖老板点头,我要是说不干,这多使他们为难哪!我咬着牙,一句话也说不出来。

胖老板把桌上的钱装进衣袋,又叫我打开带来的包裹,把里面的东西一件件翻给他看。然后,胖家伙咳了一声,说:"到后面见见你师娘去。"

"师娘?什么是师娘,谁是我的师娘啊?"我愣愣地站在那里,头脑乱哄哄的。

赵叔叔说:"走吧,到后面看看去。"我只好跟着胖老板和赵叔叔向后院走去。

我跟他们穿过一条夹道来到后院,后院有北屋、东屋和西屋,房子都很高大。胖老板带我们到东屋里,我见屋里有三个人:一个女人,有三十多岁,她个儿很高,身体很瘦,大长脸,颧骨高高的,嘴唇又大又薄,两个大门牙向外龇着;还有一个老太婆,有六十多岁,头发白了,弯着腰,在扫地;在一条长方凳上,坐着一个小女娃子,正在向嘴里放冰糖块,她有十一二岁,脸煞白煞白的,尖鼻子,眼睛有点儿斜,当她咕噜咕噜吸着冰糖水的时候,露出一排让虫蛀了的牙齿。屋子中间墙上挂着一张"财神"像,长条几上有香炉和蜡烛台。胖老板到屋里先咳嗽两声,指着那个瘦高个儿女人向我说:"这是你师娘。"我不声不响地翻眼看着那瘦女人,心想,她是我师娘?她能教给我什么呢?那女人见我对她不声不响,不高兴地看了我两眼,哼了一声坐到一边去了。沈老板又指着那个还在吃糖的女娃子说:"这是我娃,你以后叫她玲二姐。"我又不声不响地看了看那个吃着冰糖块的女娃子,觉得这女娃很讨厌。那女娃看看我,一动也不动,就好像屋里没有我一样,一个劲儿地吸她嘴里的糖水。我觉得这里的人和所有的东西全都冷冰冰的,想马上离开这儿,抬眼看看赵叔叔,赵叔叔又笑着向沈老板说:"带冬子到前边见见几位先生吧!"胖家伙哼一声,说:"好吧,跟我到前边去。"

  沈老板带我到前柜上来,柜台里共有六个人:经理姓钱,管账的姓冯,还有一个马先生,一个朱先生,另两个也是学徒,大师兄叫王根生,二师兄叫刘来子。赵叔叔叫我和他们一一地见了。当我的手续都办完之后,赵叔叔又向柜台里的六个人全说了些好话,请他们多照顾我,多包涵我,又嘱咐我几句话,就回去了。

  直到赵叔叔走了,我头脑里还是晕晕懵懵的,心里还是恍恍惚惚的。刚才我进到店里都办了些什么呀?交钱给胖老板,搜查了我的小包,逼着我去认那位师娘……我觉得像有个什么很重很重的东西压到了我的头上,到底是个什么东西压着我了呢?

  站在柜台里,我见到街上人来人往。在乡下我很少见到这么多的人。有人来买米了,交钱了,把米拿走了,一会儿一个,一会儿一个。我怕碍他们的事,便站在柜台的尽末头,看着,看着。

  站着,看着,熬着,直熬到天黑上了门板,先生们都去睡了,我才跟着两个师兄,就在柜台里的地板上,铺上两条麻袋躺了下来。当我把身子在地板上放平了的时候,虽然我对自己说这次再也不准掉眼泪,可是眼泪还是止不住地流了出来。我想起我的家乡柳溪,想起那个时候的工农民主政府,那里是不许压迫穷人的。我还想起爹临去长征时向妈说的话:将来的好日子,是天下的工农都得到解放,没有人压迫人,没有人剥削人……啊,我现在正是受着压迫和剥削呀!那沉甸甸地压在我头上的,不就是这个东西吗？

每天，我不但要在前柜上侍候老板、经理、先生们，还要被叫到后院去听那个瘦高个儿女人的使唤。那女人的声音和她的个儿一样：又高又长，喊起来刺人的耳朵。"冬子！你买糖去！""冬子！你买烟去！"那个女娃真馋，一天到晚，嘴里得含着冰糖，还得吃山楂糕什么的。她要吃什么，都得喊我给她买去。每逢听到那又高又长的声音喊我去给女娃买东西的时候，我心里就有一股火向上冒：你也有胳膊有腿，为什么坐在那里要我来侍候呢？我多么盼望这城里也像柳溪那样闹革命啊，一革命，你就别想坐在家里光吃不动了。

我在米店里觉得实在闷气。一天我跑出来找赵叔叔，我说："还是让我回乡下吧，这儿我过不惯。"

赵叔叔笑笑，要我在他身旁坐下。他说："你在乡下，胡汉三到处要捉你，不安全哪！"他看我还不高兴，又说，"在米店里是要受些罪，吃些气，但这个地方不引人注意，适合隐蔽。乡下那些土豪、顽军是很凶恶的。"

赵叔叔的话是真的，胡汉三这样的白狗子抓住红军家属就要杀掉的。

赵叔叔又说："一旦条件好转了，随时都可以离开这个地方。"

我说："在这里，一天到晚光听他们说赚钱，赚钱！一句好话也听不到。"

"嗯，对了。"赵叔叔说，"不要把这段时间空过去了，要注意学习。"说着便拉我到里边的屋里，他从铺底下拿出一本很旧的书来，向我说，"这是一本杂志，你拿回去，晚上自己看看，这上面有很多革命道理。"

我看这本书已经很旧了，连个封皮都没有，我想，这大概是不准随便看的吧，便把它装到里面的衣袋里。

赵叔叔又向我说:"在米店的日子不会很长的,只要形势许可了,就离开这儿。"我想这都是组织上的安排,不能由着个人性子来,便带着那本旧杂志回米店去了。

在米店里,我和两个师兄处得很好,待我最好的是二师兄刘来子。他原来也是乡下穷人家的孩子,过去他那个地方也闹过革命,背地里我和他讲到革命的事,他还蛮有感情哩!大师兄也很好,可是晚上,他只要往地板上一躺,马上就睡着了。这几天晚上,我都和刘来子,借着那微弱的灯光,看那本从赵叔叔那里拿来的杂志。

愈是遭受压迫的人,愈是渴望革命,而革命的道理又能够开阔受压迫者的心灵。晚上,地板上刚刚铺好了麻袋,大师兄一躺下就睡着了。我和刘来子又翻开那本旧杂志。我们一边小声地谈论着我们所能理解到的道理,一面念那杂志上的话:

> 大家看一看,大家想一想,
> 为啥会有这现象:
> 地主不劳动,
> 仓里堆满粮;
> 财东不出力,
> 吃得白胖胖;
> 工农流血又流汗,
> 吃不饱肚,
> 住不上房,
> 穿不上衣裳。
> 大家看一看,大家想一想,
> 这个日子要不要变个样?

微弱的灯光照着我们三个学徒的脸,大师兄带着一整天的劳累睡去了,我和刘来子,头靠着头,在轻轻地说着,默默地想着。我想,现在有多少人为了改变这个不公平的日子在战斗哇!在这个战斗的行列里,有我爹,有修竹哥,有很多很多的红军战士和游击队员,有工人和农民……我什么时候能投身到这个革命的队伍中去呢?

我们憎恨那压迫和侮辱,可是那压迫和侮辱却不断地向我身上压来。

一天,下着雨,我又被那又高又长的噪音喊到后院去了,要我给她送马桶去修理,顺便再给那女娃捎一包冰糖回来。我打着把破雨伞,把马桶给送到修理铺子,路过点心店,又给那女娃买了包冰糖。当我把冰糖送到后院东屋的时候,我身上的衣服几乎全淋湿了。我刚想离开东屋,忽听那女娃叫了起来,她要大便。因为马桶送去修理了,她妈叫她到后边的茅房去。她不去,说怕雨淋。这时那瘦高个儿女人忽然喊住了我:"冬子,你莫走。"我不知她又要我干什么,只得停下来。她拿过一个小瓷盆递给那女娃,那女娃接过瓷盆进屋去了。我预料到她留下我做什么了,拔腿要向外走,可是那瘦高个儿女人又叫住我:"你莫走。"这时外边雨下得正大,我也就停了下来。一会儿,那女娃出来了。瘦女人向我说:"去把那瓷盆刷了!"我的血一下子冲上头来,你孩子怕雨淋,我就该替她到雨地里刷屎盆吗?我没理她,一头冲出屋,那雨水淋在我的头上,灌进我的脖子里。

我身上滴着水,来到前柜上,也不去换衣裳,咬着牙,站到柜台的末头去。刘来子见我身上冷得打战,问我:"你冷吗?快换件干衣裳去。"我也不说什么。正在这时,那瘦高个儿女人打着把伞来了。她的身子也哆嗦着,脸铁青,大板牙龇着,像是要咬我两口。她没朝我说话,到银房里把胖老板拉出来,扯起她又高又尖的嗓门儿喊着:"你这招来的是学徒吗?是个小祖老爷!都使唤不动他哩!"老板问:"怎么回事?"那女人就理直气壮地说她叫我去刷屎盆,我没去,一边说还一边气得直哆嗦。胖老板一听,过来瞪了我两眼:"去!你还是什么公子少爷啦,干个事还挑三拣四的!去把盆刷了!"我的身子没动,那胖老板见我不动,又举手要来打我,那个白了头发的李妈,弯着腰来了。她向老板说:"莫打他了,盆我已经刷了。"瘦女人一听,反而向李妈发起脾气来:"哪个叫你去刷的?我偏要叫他刷去!一回使不动,下回坏了规矩!"老板见老板娘的气尚未消,还要来打我,经先生们劝住了。可是那瘦女人不拉倒,她说:"得叫他罚跪,我没见过这样的学徒!"

"跪着去!今天晚饭也莫要吃!"胖老板威严地命令着。这时我身子不打战了,只觉得心里冒火,便怄气地走到后边栈房的窗子前站了下来。

我站在后边的栈房里,胖老板从前边银房的窗子里向我大声吼叫着:"跪下!"

我为什么要跪呢?我就不理他,把脸转到另一边去。胖老板又生气地喊了几声,我还是不理他。因为外边雨下得正大,他也不愿过来。我听他还哇啦哇啦地叫着,就"咚"的一声把栈房门关上了,除了外边哗哗的大雨声,我什么也听不见。

我站在那里看看窗外,雨哗哗地下着,湿衣服贴着身,我觉得有些凉。这时,我想起那胖老板和瘦老板娘,他们大概被我顶得很不舒服吧!我也想起那女娃,我想她又该舒舒服服地坐在那长方凳上吃我给她买回来的冰糖了。我不由得恨了起来,恨这米店的一切。那矮胖子、瘦女人,他们随便使唤我,侮辱我,要罚我跪……而这一切他们都干得理直气壮。这是什么日子呀!我真想放起一把火来,把这些东西都烧掉!

第五章

　　渴望着革命，可是革命的大浪还没有冲击到这个县城；盼望着红军早日回来，可是听赵叔叔说，红军正在前线打日本鬼子。就这样，我在这个米店里整整待了一年多……

　　又是一个春天。这年的春天，穷人的日子可真不好过呀！去年天旱，稻子欠收，乡下的穷人愁着没有米下锅，城里的穷人愁着米价贵，没钱买米。

　　可是沈老板的米仓里却堆得满满的。

　　一天晚上，刘来子喊我到后门口去。茂源米店的后门紧挨着一条河，在河里停着一只船。这时，我见大师兄王根生和朱先生从船上抬下一麻袋东西，悄悄地从后门抬进院里去。刘来子喊着我也到船上抬东西，我和他一起上了船。我们两个人抬起了一个麻袋，这麻袋特别重，要比一袋米重得多。我伸手摸了下，问刘来子："这麻袋里装的是什么？"刘来子摇摇头，不要我问，叫我向院里抬。我只好吃力地抬着这包沉重的东西走进院里。我们一共抬了十麻袋，全放在米仓的门外。我很想知道这麻袋里装的是什么东西。趁人们都走了的时候，我解开一个麻袋，伸手去摸了摸，里面全装的是像米粒一样大的东西，我用手搓了搓，又不是大米。我抓了一把拿到有亮的地方看了看，原来全是些和米粒大小一样的沙子。沙子！弄这些沙子做什么？等睡觉的时候，我问刘来子，刘来子说："等一会儿你就明白了。"

往日，都是经理、先生们先睡，然后是大师兄睡下。最后，我和刘来子才睡。可是今天，经理和先生们还没睡，沈老板就叫我们三个学徒先睡了。我们三个人刚睡下，钱经理和两个先生就向仓房去了。大师兄头搁到枕头上就睡着了，我因为要弄明白他们到底要弄些什么花样，所以不让自己睡去。停了一会儿，刘来子拉了我一下，我跟着他悄悄地起来。我俩轻手轻脚地走到离仓房不远的地方，见仓房里灯亮着，沈老板和钱经理正抬着一麻袋沙子向米堆上倒，两个先生就用木权子在米堆上搅。啊，原来是这样，是向米里掺沙子！要把这些沙子当大米卖给人吃。我更恨沈老板了：你做买卖赚钱赚得还少吗？为什么还要做坑害人的事呢？我想到跟前看看，刘来子忙拉了我一下，扯着我回到柜台里的地铺上，按着我，要我躺下来。我躺下来，睁着眼不能睡下去，我像是见到沈老板的那颗心，那心是黑的，乌黑乌黑的。我想，人家做饭时，向外一点点地挑沙子，可是你们却整麻袋整麻袋地向米里掺沙子，你们这安的是什么心哪！慢慢地，我睡着了，做着一个一个的梦，全梦的是吃着带沙子的米饭，咯哧，咯哧，我的牙都快要硌碎了，好难受哟！

第二天天亮，我还觉得我的牙发酸，我眼前老出现那向米里倒沙子的情景。我觉得沈老板这些人像山里的狼一样，我不能跟这些人在一起。下午，我去替那女娃买冰糖时，转了个弯，去找赵叔叔。

赵叔叔正坐在小桌前刻图章，见了我，笑着叫我坐到里面的小屋里去。他进来问我："能过惯了吧？"

我摇摇头，说："过不惯。他们净办些坑害人的事……""怎么坑害人？""他们黑夜里，一麻袋一麻袋地向米里掺沙子！"我把昨晚上见到的事向赵叔叔说了。

赵叔叔听了后,气愤地沉着脸说:"天下最狠毒的是地主、资本家的心,他们明里抢,暗里坑,什么坏事都办得到。"

我说:"我跟这些坏人在一起干什么?我再也不愿在米店干了,送我回游击队吧!"赵叔叔看了看我,没说话,我又说,"我已经十四岁了,跟着游击队,绝不会再添麻烦了!"

赵叔叔走了两步,摇摇头说:"现在革命形势发展很快,我们游击队大部分都转移到外省同日本侵略者作战去了……"

听了他的话,我想现在就回游击队看样子是不可能了。后来我又想了一个法子,我说:"赵叔叔,我跟你在这里学刻图章吧!"赵叔叔笑了笑说:"我很快就要离开这里了。"

"你要离开这里?"

"是的。我已经接受了一个新的任务,要离开这里。"

"以后我怎么办?"

"你就安心在这里当学徒,过几个月,我还回来。"

我更不愿留在米店里了,便说:"我跟你一起走。"

赵叔叔说:"任务不允许我带着你。"他拍拍我的肩,"你现在在这里比较安全,同时也能多见识见识这个万恶的社会。只要条件一允许,就让你离开这里,去参加自己的部队。"说着他从床下拿过一双鞋给我,说,"这双鞋是给你买的,你拿去穿吧!"

我接过鞋,心里热烘烘的,我想,在革命的队伍里,处处都有我的亲人。赵叔叔又从铺底下拿出一本书给我,说:"要利用晚上时间看点儿书,多懂点儿革命道理,多长点儿知识,将来干革命都是有用处的。"我接过书,塞在衣襟下,感激地看了看赵叔叔,又回茂源米店了。

我刚回到茂源米店,就听银房里有人谈话。我探头看了一下,原来是沈老板和警察局的孙局长。孙局长说:"你囤着这么多的大米不卖,老百姓买不到米怎么办哪?"沈老板说:"那活该!米价一个劲儿地看涨,我得等个好价钱。"孙局长又说:"你这是囤积居奇,老百姓要是知道了,闹起事来,恐怕不好办。"说着眯起眼睛看了看沈老板,沈老板赶忙说:"那就全靠你老兄帮帮手喽!有你这局长在,我还怕什么?"孙局长说:"你发了财了,我在中间给你卖力气。"沈老板说:"我请客,我请客……"说着把一包钞票塞在孙局长手里,两个人全笑了起来。

　　这时,我忽然听见前边柜上有孩子的哭声。我连忙跑到前柜,见柜台外边站着一个穿得很破的女人。她一手提着个小竹篮子,一手抱着个小孩子,柜台上放着两张钞票。她正向柜台里的几个先生苦苦求告:"先生,请你卖点儿米给我们吧,我家已经两天没做饭了。你看这孩子,饿得直哭。"我再看她怀里的孩子,只有两三岁,又黄又瘦,小细脖颈儿弯弯着,头向下耷拉着,直瞪着两只大眼,不住地啼哭。那女人又求告说,"先生,不管贵贱,你随便给我们点儿米就行。小孩儿的爸爸不在家,这钱还是借来的。你权当行行好,可怜可怜我这孩子吧!"柜台里的马先生看看朱先生,两个人脸上都表示出同情的样子。朱先生又看看钱经理,钱经理就向那个女人说:"实在没有办法,米确实卖光了,连一粒也没有了。上面又没分配给我们,乡下我们又进不来米,这有什么办法呢?你到别家看看吧!"那女人还是不走,向钱经理说:"先生,你们这米店是个大米店,随便扫扫仓底,也够卖给我们的。你行行好吧,你看这孩子饿的。"那孩子嗷嗷地哭个不止。正在这时,沈老板从银房里出来了。他冲着那女人把眼一瞪说:"我这里又没死人,在我门口号什么?"那女人一面哄着孩子,一面说:"老板,这孩子是饿的,你卖点儿米给我们吧!"沈老板说:"快走吧,米早卖光了!"说着他把柜台上的两张钞票向外一推,转身又走进银房去了。那女人弯腰拾起掉在地上的钞票,抬起头来的时候,眼泪汪汪地向着柜台里的每一个人仔细地看了一下,再没说什么,抱着那大哭的孩子,慢慢地走了。当她那满含眼泪的眼睛看着我的时候,我觉得好像两把刀子穿着我的心,我的心立刻疼了起来。

那女人走了,可是那孩子的哭声还在我耳边哇哇地响。我想起饿肚子的滋味,想到那孩子回到家又吃什么呢?我的心疼得不好受,暗暗地骂着沈老板:你真狠心哪!为了自己多赚几个钱,别人饿死你也不管。你仓房里的米不是堆得满满的吗?

又过了好几天,沈老板还是按着米不卖。可是每天傍晚,后门口都有船送米来。仓房里囤满了,有些米袋子不得不放到后面的住房里。越是不卖米,买米的人就越多,每天一下门板,就有好多人在门口等着买米。沈老板只叫我们回答一句话:"现在没有米!"我经常看到那些买米人愤怒的脸色,有时,他们干脆就在门口骂起来。

一天下午,后门外面的河里又停下一只送米的船。我们三个学徒被叫到后边来卸米。我和刘来子刚从船上抬下一袋米,忽然听到前边柜上有人吵起来了。我们正在惊异,钱先生跑来喊我和刘来子快去上门板。我们跑到前边一看,嗬,门外站着黑压压的人群,喊叫着要买米。沈老板头上汗珠子像豆粒儿一样,不住地往下掉。朱先生、马先生一个劲儿地摆手,又向那些大声喊叫的人说话。我一看,心里高兴起来了,忽然想起我们家乡打土豪、分田地的光景。那时候人们闯进地主家里,打开米仓分了米,还把地主抓了起来。我多么希望门口这些人全冲进来,把米分了,把沈老板抓起来呀!想着想着,不由得咧着嘴笑起来了。

我光顾笑,也忘了上门板了。沈老板过来打了我一巴掌:"你笑什么?快上门板!"我转脸看看沈老板,他头上冒着青筋,脸色乌紫,脑袋活像一个猪头。我说:"他们堵住了门,我上不得呀!"他说:"你过去把他们推开!"我说:"哪里推得动哟!"我慢慢走到外边的人堆里,一面喊着:"喂,让开了,我们要上门板了!"一个人力车工人过来推了我一下说:"为啥要上门板?太阳还没落,我们要买米哩!"我小声地向他说:"后门口正卸着米哩,到那里去!"那人听了我的话,就大声地问沈老板:"喂,老板,你说你到底卖不卖米?"

沈老板说:"我没得米,拿什么卖?"

那人说:"你说没有米,那让我们到店里面去看看。"

沈老板说:"你凭什么?"

那人又大声说:"你不卖,我们可要自己动手了!"

沈老板说:"你敢怎么样?"

那人说:"按牌价,我们自己给你卖!"说着他大声向围在那里的人说:"喂,大家听着,他茂源后门正卸着米,可是一粒不卖给我们,难道要饿死我们吗?我说,他不卖,我们自己卖。走!拿着篮子、口袋到后河沿去!"说罢,他先向后河沿奔去,所有的人呼啦一下也都跟着他向那里跑去了!

这下子沈老板更急了,他说话都哆哆嗦嗦的:"哎……快,快到后边去把船上的米抬进来!"我故意气他:"这前边门板还上不上?"他瞪着眼说:"上!"我说:"顾哪头哇?"他说:"都得顾!"他叫我和刘来子在前边上门板,他带着先生们奔后门跑去了。

我看着他们慌慌张张的样子,心里快活,忍不住一个劲儿地笑。刘来子问我:"你为啥老是笑?"我说:"这好嘛,放着米不卖,要抢喽!"他说:"你莫笑,老板看见了要揍你的。"我们俩还没把门板上完,又来了一个买米的。我说:"老板不让卖,叫上门板了。"那人问我:"你们到底有没有米呀?"我说:"老板等着涨价。"那人说:"你卖点儿给我们吧!"我说:"我当不了家。"刘来子四下看看,小声向他说:"你们多来些人闹,他就得卖。"那人说:"好,我再喊人去!"那人一走,我向刘来子说:"我去喊老板去,就说前边又有人闹了!"

我到了后门的河边,一看那里好热闹!一大群人围在河岸上,大声嚷着不让从船上往下卸米。从来不抬米的沈老板和钱经理,两个人也抬着一袋米,还有马先生和朱先生也抬着一袋米,全都让人围住了。人们七嘴八舌,乱哄哄的。那个人力车工人指着沈老板说:"你说没有米,这是什么?"沈老板说:"有米也不卖!"那人说:"你囤积居奇,抬高物价。"沈老板说:"你管不着!"那人说:"你让我们挨饿,我们就得管!"又向周围的人说:"他不卖,我们大家自己动手!"人们一听,轰的一下挤过来了,有的人伸手去扯麻袋口。沈老板一看可急坏了。他把米袋向地上一放,一下子把身子扑在米袋上,嘴里喊着:"谁要动我的米,我跟他拼命!"他趴在米袋上,小短腿乱蹬,圆脑袋乱晃,活像一只乌龟,我不由得又哈哈笑起来。

忽然,听得河里"扑通!扑通!"两声,船上的冯先生大声喊起来:"他们把米掀到河里去了!"原来人们都愤怒极了,几个人爬到了船上,把米袋往河里掀。接着又是"扑通"一声。沈老板一听,慌忙从米袋上爬起来,杀猪似的喊着:"抓住他,谁掀下去的谁赔!"他回身往船上跑,地上的米袋丢在那里,人们"呼"地挤过来,一下子把米袋撕开了,雪白的大米撒了一地。拿口袋的,提篮子的,全拥过来了,人人伸手去抓地上的米。

沈老板这时候像猴子吃了辣椒,抓耳挠腮,团团乱转。一些挤不到这米袋跟前的人,又去撕马先生和朱先生的那袋米,很快那袋米也散开了,人们又围着去抢那一袋米。这时还有一些人挤不到跟前,他们就呼呼隆隆往船上拥。沈老板一看不好,也跟着往船上跑。船上上去那么多的人,又互相拥挤,一个人高喊:"船要沉了!"一些人又都往船头跑,就听到"扑通"一声,那只船忽地翻到河里去了。

那边一翻船,这边岸上更乱了。有些会水的人忙跳下河去救人,人们到处乱喊乱嚷。一会儿,沈老板从河里冒上来了,他是个矮胖子,双脚够不着地,冒了一个泡,又沉下去了。我看着他挨淹的样子,心里痛快极了,心想:淹死你吧,叫你往米里掺沙子!叫你囤着米不卖!那些跳下水救人的,一会儿从河里捞上一个来,一会儿又从河里捞上一个来,就是没有捞沈老板的。有一个下去捞人的,让沈老板抓住了,沈老板硬扯着那个人,想让那人把他拖上来。可那人一看是沈老板,一甩手又把他甩掉了。沈老板像一只落水的肥母鸡,一冒泡,"咕噜"一声喝了口水又沉下去了。后来还是马先生脱了衣裳下河把他捞上来的。他上了岸,浑身水淋淋的,也说不出话来了,往地上一躺,嘴里一个劲儿地吐黄水。他本来肚子就挺大的,这回喝足了水,肚子就更大了,躺在那里,活像一只鼓足了气的癞蛤蟆。

落水的人都上了岸,可是船上的米全沉下去了。沈老板睁开眼看了看河,指着河向马先生说:"米!米!快捞!"马先生说:"我们捞,你快回去换衣裳吧!"沈老板又吐了几口黄水站了起来,晃晃悠悠地要往家走。我忙跑到他跟前说:"不好了,前边来了一些人,也要抢米!"他一听,腿一软,"扑通"一下坐到了地上。钱先生过来把他架起来,他伏在钱先生耳边小声说:"快去请孙局长,就说这儿发生了抢劫。"钱先生答应一声就去了。我看着沈老板浑身又是水又是泥,真想笑,可是当着他又没有笑出来。他问我:"你看那个领头的人在哪里?去跟着他。"我四下里看了看,见那个人力车工人正从河边拉着一个浑身湿透的小孩儿向东走。我向沈老板说:"那个人没有了,大概是跑了。"沈老板的牙咬得咯咯响,说:"我饶不了他,得跟他算账!"他又向我说:"你坐在这河边上看着,别让人下河捞米。"说罢,他走进后门,"咣当"一声,把门关上了。

岸边撕开的两袋米全让人抢光了,船上的米又都翻到河里去了,人们觉得这事情闹大了,一些拿口袋、提篮子的人都走开了,剩下的只是一些空着手走来看热闹的人。忽然,我见到一个女人抱着一个孩子,提着一个篮子走了过来。我一下认出来了,她就是那个没有买到米的穷苦女人。她也认出我来了,走了过来说:"小兄弟,你看那米多可惜,全掉河里了。"我说:"掉下去,老板省事了,捞上来再卖,就不用往里使水了。"她向我笑笑。我见她怀里抱的那孩子,还是那么黄,那么瘦,两只大眼滴溜溜的,像是才刚哭过。我再看她手里提的篮子,还是空空的,没有一粒米。我问她:"刚才米袋被扯开,你没抢一点儿米呀?"她说:"我抱着孩子,没敢往跟前挤。"我说:"前边又有人闹了,闹开了头,老板说不定要拿点儿米出来卖的。"她脸上露出怒气,说:"老板太黑心了,囤着米,光顾自己发财,不顾别人死活。你看,这孩子饿得哭哇!"我看看那孩子,他果然又哭了起来。忽然,前边传来呼喊的人声,那女人说:"前边闹起来了,也许真能买到点儿米。"说着转身奔前边去了。我也不再管那翻到河里的米,跟着那女人奔前边去。

我们绕到了前边,见米店门前围着很多人。门板已经上得严严的了,人们就在外边拍打着门板,高声地喊叫。这时我见那个人力车工人又来了,他向大家说:"老板心狠,囤着米不卖,看着我们挨饿,我们今天一定要打开门,让他把米按牌价卖给我们!"说着,他就用力敲打着门板。他这么一打,人们都噼里啪啦地敲打起门板来。他们这样做,我真高兴,这真像我们柳溪攻打胡汉三家门的情形啊!这时我想起沈老板的样子,我想他每听到一声敲门声,身上胖肉准震得一哆嗦。我也想到瘦老板娘的样子,她必定是躲在后房里拉长了脸叹气,说不定她要给那个墙上的财神爷烧一炷香哩!我正想着,忽然见到两个年轻人抬着一根大木头桩子来。他们两个抱着那根木头桩子"咚!咚!"地向门板上撞去。

那门板被撞得一闪一闪的,眼看就要被撞倒了。人们都愤怒地高喊着:"快开门!开门!我们要买米!我们要吃饭!"

在那门板快被撞开的时候,忽然有人说:"警察来了!"我向西一看,果然来了一二十个警察,他们全端着枪,冲着人群走过来。孙局长在头里领着,他腰间别着一把手枪,肋下还挎着一把小剑。人们见警察来,有的走散了,可是大部分人还围在米店门口。孙局长满脸凶气地往人们面前一站,大声地问道:"谁领头闹事的?扰乱社会治安,都给我滚开!"他叫嚷了几声,走开了几个人,可是那一大堆人还是站在米店门前不动。孙局长又高嚷着,"滚开!谁再围在门口,我把他抓起来!"他叫得挺凶的,可是人们就是围在那儿不走。孙局长见人们不听他的话,便向警察们说:"把他们赶走!"警察听了孙局长的指挥,就要用枪来赶开围在那里的人群。这时那个人力车工人走了出来。他走到孙局长跟前说:"这个米店的老板,囤积居奇,抬高米价,弄得老百姓都吃不上饭,请你把他带到警察局治罪,让他把米卖给我们。"孙局长把眼一瞪:"你是干什么的?"那人说:"我是买米的。"孙局长说:"米是他米店里的,卖不卖是他的自由,你跑这儿捣什么乱!"那人说:"我们不是捣乱,我们要吃饭,要买米,他开门把米卖给我们就没有事了。"

那人和孙局长论理的时候,店门板上的一个小小的方窗子打开了。沈老板隔着小窗子向孙局长说:"孙局长,请你把这个人抓起来,他是个强盗,带人把我的米抢了!"孙局长马上就向警察说:"把他抓起来,带走!"那人说:"为什么抓我?"孙局长说:"你聚众闹事,抓起来!"那人一听,一下跳到门台阶上,大声地向围在那里的人说:"喂,大家看看,囤积米的人不犯法,我们要买米的人倒犯法了,这公平吗?"大家一齐说:"不公平!"

"不能抓他,要抓,先把米店老板抓起来!"

孙局长更恼怒了,大声喊着:"抓!抓!"

那人说:"他警察局光保护有钱的大老板,不替我们穷老百姓说话。不听他的,我们还打门,买米!"说着他拾起那根木桩,又"咚!咚!"地向米店的门板撞起来。门口的人们见警察不说理,还要抓人,全都愤怒起来,围着门猛敲。

　　孙局长一下子把手枪拔出来了,大喊着:"谁再打门,我就开枪了!"那个撞门的人转过脸来,向孙局长说:"饿死也是死,打死也是死,要开枪,你就朝我这儿打吧!"说着他拍了拍胸膛。孙局长气急败坏地命令警察:"快抓,快!"两个警察上前刚要动手,那人用力一推,一个警察倒在了地上。孙局长脸上的肌肉抽动了一下,举起了手枪。这时站在我身旁的那个抱孩子的女人,见孙局长要开枪打那个撞门的人,丢掉篮子,飞一样跑到孙局长身边,伸手去挡凶恶的孙局长,一面高喊着:"不能开枪,他是好人!"孙局长一见是个女人,转过身来就开了一枪,子弹飞出来,正打在那女人怀中孩子的头上。血顺着那孩子蜡黄的小脸流下来,流到他妈妈的怀里,滴在米店门口的街道上。那个人力车工人一下跳到门口石台上,大声说:"大家都看见了,他们囤积,他们杀人!要和他们算账!"人群沸腾起来了,愤怒地呐喊着,和那女人一起要向孙局长扑去。这时孙局长又怕又恼,一闪身躲在一群警察身后,命令警察开枪,一面喊着:"把那个讲话的人抓起来!"三四个警察奔向那个人力车工人。人力车工人还要说什么,人们怕他被抓去,便紧紧地围着他。几个满面悲愤的穷苦人急忙扶着那愤怒的痛哭的女人……

　　这时,米店的门打开了,沈老板趁机把孙局长拉了进去。

第六章

　　米店门前的风潮过去了。沈老板损失了两袋米,米店门前白打死一个孩子。人们四下里传说着这杀人惨事,心头上记下那深深的仇恨。店门前的街石上那孩子的血,一直没有从我的眼睛里消失。每当见到那块街石时,我一眼就能看到那鲜红的血,看见那又黄又瘦的孩子,看见那孩子滴溜溜的两只大眼,看见那孩子的妈妈……我想这孩子死得多惨哪,他的妈妈又是一个多么好的人哪,现在她还一定在心疼她死去的孩子,她也一定还是没有米吃……我想啊,想啊,想起沈老板和警察局长,又想起那个没有米吃的女人和那个领头闹米的人力车工人。啊,我想明白了:沈老板和孙局长,他们是一条道上的人;孙局长不是常在沈老板家中吃饭,有了事情就出来帮助沈老板吗?那些没有米吃的穷人,也是一条道上的;他们也互相帮助,那工人不是为了大家能吃上饭,出来替大家说话吗?那女人不是为了救那个工人去挡孙局长的枪吗?是的,这是两条道上的人,是两个阶级,就像我们乡下,种田的穷人和地主是两个阶级一样。

　　米店门前闹了事之后,沈老板索性在店门板上贴了个条子,上写"修理内部,暂停营业",干脆,连门板也不下了。这几天米价涨得更凶,沈老板咧着个嘴,笑着说:"我丢了两袋米,反而因祸得福。我晚开几天门,十袋米也找得回来!"这几天沈老板家中老是请客,除了警察局的孙局长,还有什么王局长、苟局长等等人物,全是城里一些当官的。

一天下午,沈老板叫厨房里做了很多菜,又到珍美楼饭馆要了很多的菜。我想,沈老板又要请客了,是请谁呢,要弄这么多的菜!傍晚的时候,孙局长来了。他向沈老板说:"我这一回,可给你请来一位财神。这个人不但自己有几百亩田,每年能收一两千担米,而且还是个保安队长,手下有百把号人,每个月筹饷也筹得几十担。交上他,你米源大大的,发财也大大的!"沈老板对孙局长又是作揖又是鞠躬,看样子恨不得跪下去磕几个响头,咧着嘴说:"有你老兄关照,我算交上好运了。我请客,我请客,哈哈……"这时钱经理跑进来说:"客人到了,船已在后门外停下。"沈老板一听,连忙说:"请,请!快请!"说着和孙局长就跟钱经理上后门去了。

我被打发去收拾客屋,这间屋是后院的北屋。来一般的客人,沈老板只请他到银房坐坐,只有来一些特别阔的客人,才请他到这客屋来。屋子里一张大圆桌擦抹得铮亮透明,上面摆着泡好了的茶和一碟子瓜子,一碟子冰糖,还有一大盘橘子。我把屋子里到处用鸡毛帚扫了一遍,听屋外有脚步声,接着便听到沈老板、孙局长和一个人说着话向这屋走来。沈老板在门外连说:"请,请!"接着便走进来一个人。这个人戴着一顶呢帽,穿着一件长衫,下身穿一件黄呢子马裤,脚上穿一双黑皮鞋。他进屋来,四下看了看,当他的眼睛转向我时,我像看到两只狼的眼睛,那眼睛里闪出了我永远不会忘记的两道寒光。啊,大土豪胡汉三!我的血冲上了头,我的拳头握得紧紧的,牙咬得紧紧的,心里暗骂一声:"狗土豪,原来是你!"因为我站在门旁,胡汉三对我没注意。他被沈老板请到了上首坐下。我只好过去给他们倒茶、拿烟,并且给他们点火。当我擦着一根火柴给胡汉三点火时,他翻眼向我看了看,又细端详一下。我忙转过身去,走出了客屋。

我走出客屋,深深地吐了口气,很多事情,一下子都在我眼前出现:我看见我妈被胡汉三吊在大树上,在她身下点起了一堆熊熊的烈火;我看见大爹被胡汉三押走,关在又黑又湿的大牢里;我看见胡汉三带着一群穿黄军装的白狗子和一些叫"皇军"的日本鬼子正向游击队的驻地进攻……全是他!全是这个坐在客屋里的胡汉三!我和他有多么大的仇恨哪!我要报仇!我正在想着如何报仇的时候,忽听屋里胡汉三说话了:"刚才那个给我点火的孩子,是哪里人?"沈老板说:"是本地人,就在城外边。"胡汉三说:"噢,我看他很面熟,很像我们乡下的一个人。"沈老板问:"一个什么人?"胡汉三说:"算了吧,既是本地人,就不说了。"我还想听他们再说什么,忽然刘来子来喊我,要我到后门卸米去。我问:"又哪儿来的米?"刘来子说:"就是刚才来的那个人带来的。"我说:"带来多少?"刘来子说:"满满一船,有四五十担。"我叹了一口气说:"我们乡下的人吃苦喽!"刘来子问我:"是怎么回事?"因为我心中正盘算着一件事,便没再说什么,跟刘来子一起卸米去了。

卸完了米,客屋里已开始喝酒了。沈老板喊我去侍候他们。我心里有一百个不愿意,可是我还是硬着头皮去给他们端酒,送菜。每次我端上一个菜时,我总要转眼看看胡汉三。我见他比以前胖了些,一脸横肉,留着一小撮胡子,两只贼眼还是那么又冷又尖。他们一边喝着酒,一边说着,笑着。沈老板向胡汉三说:"胡先生,以后得多请你帮忙。我想在乡下给小女置几十亩田,请你给费神。"胡汉三说:"这没有什么,有合适的,我一定效劳。"孙局长向胡汉三说:"胡队长,你以后要卖米,可以和沈老板直接打个招呼,准能卖个好价钱。"胡汉三说:"以后少不了麻烦。"他们你一句我一句说得十分亲热。这一下子我更明白了:乡下欺压农民的土豪，城里囤积居奇的老板，和那些什么"皇军"哪，白狗子呀，警察局长啊，全是穿一条连裆裤的，他们骑在人民头上作威作福。我想着想着，手里正捧着一碗汤向桌上放，一不留神，把汤泼到了桌上，几乎溅到胡汉三的衣服上。沈老板把眼一瞪，胡汉三反而装着笑脸说："没关系。"又转脸问我："你姓什么？"我知道这家伙阴险狡诈，不想让他听出我的口音来，一面拿起托盘向外走，一面小声地说："姓郭。"

　　我走出客屋，心想，胡汉三盯上我了，要是他真的认出我来，对我下毒手，我不但报不了仇，还会被他害了的。去找赵叔叔吗？他已经离开这里了。怎么办呢？我必须做好准备！我没回客屋，先去找刘来子，叫刘来子去侍候他们喝酒。我把我的衣服打成一个小包放好，坐在前边柜台里，盘算着怎么整治这个大土豪胡汉三。无论如何我不能再放走这个大仇人！

　　"冬子！"吃完饭之后，客屋里传出沈老板的呼喊声。为了寻找机会干掉胡汉三，我又走进客屋。沈老板向我说："你扶胡先生到西屋里去休息。"我看看胡汉三，他的脸喝得红红的，连眼珠子都发红。

　　"你叫什么名字？"胡汉三瞪着红眼，一只手往我肩上一按，用力地抓住我。

　　"郭震山。"

　　"你姓郭吗？"

　　"姓郭。"我镇定地回答。

　　"你是哪里人？"胡汉三刚才那假装的笑容没有了，由于他的眼醉得发红，从他眼中射出来的光更冷更凶。

　　"城外郭河人。"

　　"你不是本地人吧！"胡汉三抓我肩的手更用力，指甲几乎要掐进我的肉里。

我向沈老板说:"他喝醉了!"说着,我挣脱胡汉三的手,要向屋外走。

胡汉三的脸上又装出了笑容,向我说:"你不要走,我是醉了,和你闹着玩的。走,扶着我休息去吧!"

沈老板向我说:"快扶胡先生休息去吧!"说着他自己伸手来扶胡汉三,一面说:"胡先生,我来扶你。"

胡汉三摇晃了一下说:"我能走,沈先生,让他扶我去吧!"说罢,扶着我向西屋走去。

到了西屋,我强压着心里的仇恨,对他说:"你躺着吧,我给你打洗脸水去。"

我从屋里走出来,心里只跳动着两个字:报仇!报仇!报仇!想着想着,我走到厨房里。我到灶前去打热水,见灶旁边有一把劈柴用的斧头。这斧头不就是武器吗?等他睡着了,两斧头就能叫他回老家!我怕斧头让别人拿走了,便把斧头藏在门后边,打了热水,端着向西屋来。

我端着洗脸水走进西屋,一见,胡汉三把长衫脱下了,腰间带的一把手枪也放在床头。我把水盆放在盆架上,转身向外走,忽然他在背后喊了声:"站住!"

我背着他,在门口站了下来。

胡汉三问我:"你妈妈在家吗?"

我一听,心头像针扎的一样,如果这时我手中拿着斧头,我会当头劈他的。我忍了忍,回答说:"不在家。"

"她死了吗?"

"没有死。"

"她到哪里去了?"

"送我表叔上南山了。"

"嗯!"胡汉三向我走近了一步,恶声恶气地说,"你转过脸来!"

我猛地一转身,瞪着两眼直望着他:"要做什么?"

胡汉三把手枪拿在手里摆弄着:"你爸爸呢?"

"他在家里。"

"在家做什么?"

"杀猪。他是个杀猪的。"

胡汉三逼近我一步:"他会杀人吗?"我翻眼看看他,没有回答。他把手枪口向我一指说:"你说瞎话,我看你是柳溪潘行义的儿子!"

我摇摇头:"不是,我爹叫郭善仁。"

"嘿嘿!"胡汉三冷笑道,"你今天不要出这个屋子了,明天,跟我一起回柳溪。"

怎么办?仇人已经认出我来了,只有一个办法了,就是扑过去,把他的手枪夺过来,打死他。想到这里,我向前挪了半步,正准备向胡汉三扑过去的时候,突然刘来子走进屋里,向我说:"郭震山,你妈来了,在店门外等你。"胡汉三听了这话一愣,我趁这个时候,转身就跟刘来子走了出来。

我跟刘来子出来,他一直把我拉到前面柜台里。我紧紧握住他的手,心里有说不出的感激。这一年多来,我已经暗中把我的家乡,我妈、我爹的情况告诉了他,他不但同情我,而且处处都照顾我。刘来子走到门外看了看,然后回来问我:"为什么那个人拿枪对着你?"我说:"他就是害死我妈的仇人。"刘来子"哦"了一声,说:"我说这个人为什么喝酒的时候老是注意你呢!刚才我经过西屋门口,见他又盘问你,听他说要把你带回柳溪,我就猜出几分来,才进去叫你出来。"我说:"太谢谢了。"刘来子说:"这会子把他瞒过去了,明天怎么办呢?他明天要跟老板把你要走,老板也会把你卖了的。"我咬咬牙说:"我不会让他等到明天的。"刘来子问我到底要怎么办,我怕他阻挡我,一直没向他说。

黑夜来临了。大师兄这两天请假回家了,只有我和刘来子两个人躺在柜台里的地板上。刘来子劝我趁黑夜跑走,我只说:"我是要走的,你先睡吧。"开始时,他为了伴着我,还强制着不让自己睡去,可是由于一天的劳累,他不知不觉地还是睡着了,我翻来覆去,一桩一桩心事在我心里翻腾,我想我眼前再没有别的路好走了:仇人遇在一起,不是我弄死他,就是他害死我。弄死他!一定把他弄死!可是弄死他之后,我又上哪儿去呢?赵叔叔不在这里,以后和游击队、修竹哥断了线,我又到哪儿去找他们呢?我找不到他们,他们也找不到我,怎么办?怎么办?不弄死他吗?他明天准要把我带回柳溪,也许不等带到柳溪,半路上就把我害死了。是的,只有一条路:杀死他,报了仇,跑出去再说。对,去砍死他!砍死他去!

我轻轻爬了起来,去把我的小包裹拿来放在柜台里,然后悄悄地向厨房走去。这时月亮还没出来,到处一片昏黑。我来到厨房门口,推了推门,厨房的门锁上了。我走到窗子前,推推窗子,窗子没有关,便想从窗子跳进去。当我推开窗子向里一伸手时,一下子摸到了一盒火柴。这时我的心忽然动了一下,我的面前突然亮起一堆大火,在火光中,我看见我妈大睁着眼睛看着我。啊,火!胡汉三,你用火烧死我妈,我也要用火烧死你!对,胡汉三喝醉了,睡得准像个死猪,放火烧他,他准跑不出来。

我把火柴装在衣袋里,从柴堆上抱起一抱茅柴,蹑手蹑脚地到了西屋门前。屋里的灯已经熄灭了。我推推门,门是虚掩着的。我轻轻把门推开,走到屋里。胡汉三呼噜噜、呼噜噜睡得像个死猪。我把茅柴轻轻放到了他睡的床底下,"哧"的一声划着了火柴,把茅柴点上,那茅柴一下子就燃烧起来了。我见火已着起,便忙出了西屋,回手把门关了。我一想,等会儿胡汉三被烧醒,向外跑怎么办？我把裤腰带解下来，把门环用腰带紧紧地绑牢。我暗暗骂着："狗土豪，这回把你烧成灰！"这时屋里已经噼噼啪啪地烧得很旺了，我忙向前边柜台里走去。

我回到柜台里，只觉得刚才自己办了一件非常顺心的事。我看看刘来子，见他睡得正香。我默默地向他说："刘来子，我要和你分开了，我要走了！"我拿起柜台上我的小包裹，轻轻地拉开门栓，准备走出店门。可是我忽然一想：我放的火是不是烧起来了？胡汉三是不是被烧死在里头了？我再看看去。我提着小包裹，又回到后院。

我走到后院一看，嗬，西屋里噼里啪啦，烧得一个劲儿地响，火苗子顺着窗子往外舔，一股股浓烟突突地往上冒。我心里也像那燃烧的火一样，热腾腾的。我再听听屋里，似乎有个人在号叫，在拉门，那两扇门被拉得咯当当、咯当当乱响。我不由得笑了起来，心想：你出不来，我用带子把门绑上了。就在这时，我忽听见东屋老板娘叫起来了："哎呀，西屋起火了！"接着，我听见沈老板也叫了起来："哎呀，起火了！快救火呀！"一会儿，他两口子全从屋里跑出来。这时我本想转身走开，但我一想，不怕，前边的门我已经开着了，什么时候想跑都可以跑掉，我倒要看看胡汉三有没有被烧死。我找了个黑影处躲了起来。

沈老板跑出屋来，向他老婆说："你找个铜盆来敲，快喊人起来！"这时他听见着火的屋里有人号叫和摇晃门的声音，便跑过去开门。他推了推门，推不开，向里喊着："胡先生……"没有人答应，却听到"咕咚"一声，似乎有人栽倒。沈老板后来摸到门环上有带子绑着，急忙把带子解开。他一推门，里面的火"呼"的一声冒了出来，他让火冲得一趔趄。可是他还是喊着："胡先生……"接着我见他向屋里地上一摸，从里边拖出一个人来，借着火光一看，被拖出来的正是胡汉三。沈老板不住地喊着："胡先生，胡先生……"后来我听胡汉三哼了一声:"哎哟……啊!"又断断续续地说,"抓住他……抓!"我一听,胡汉三还能说话,心里气得直痒痒:还没烧死你个老坏蛋哪!这时老板娘拿个铜盆一个劲儿地敲,一些人也被喊起来了。我见再不走就坏了,连忙站起来,顺着墙根的黑影,到了前柜上,开开店门,撒腿就跑。

我跑哇跑哇,一气跑出了城。到了县城外面的大路上,我才喘了喘气,心想,你们一下子是追不上我的,我可以慢慢地走了。我走着走着,才想起,我向哪里走哇?回柳溪吗?当然不行。去找大爹吗?大爹被关在大牢里了。去找游击队吗?又不知游击队在哪儿。我想着想着,想到一个去处:延安!修竹哥不是告诉我说,我爹跟着毛主席在延安嘛!对,我上延安找我爹去。可是延安又在什么地方呢?这时四野静静的,弯弯的月亮也升出来了。我仰头向天上看看,转脸看见了北斗星。对啦,修竹哥说延安在北边,我就向北走去吧!天上的北斗星给我指着方向,我抖了抖精神,向北走去,向北……

第七章

我像一只出笼的鸟儿，展开翅膀向北飞去。从米店跑出来，我一夜没有停留，走哇，走哇，不停地走着。天上弯弯的月亮给我照着路，北斗星给我指着方向，四下里静悄悄的，只听见我自己的脚步声。碰着山我翻山，遇着河我过河，我只是方向不变，选择着向北的道路朝前走。

我翻过一座山，觉得很累，又走了一段路，来到一条小河边。我到小河里捧了两捧水喝了，在小河边坐下来休息。春天的夜晚，风微微地吹着，四下里什么声音也没有，只有这河里的水悠悠地流着。这时我深深地呼吸一口新鲜的空气，感到无比地畅快，像是掀掉了压在身上的大石头一样。我耳边再也听不到那瘦女人哇啦哇啦的尖叫了，再也看不到那馋嘴的女娃露着黑牙咂冰糖块了，我再也不用去侍候那肥头胖脑的沈老板了，我再也不要站在柜台里看把掺着沙子的米卖给穷人了……总之，那一年多憋闷的生活和我告别了。远处，传来两声鸡叫。我想，天快要亮了，我得再多赶些路。于是我提起包裹，又向前走。

天，慢慢地亮了。东方的天上出现一片红霞，啊，多好看哪！我在米店里的时候，每天早晨起来就下门板，就扫地，就给他们打洗脸水，像这样好看的早霞我都没有机会看到。我停下来，站在一棵小树下,久久地望着东边的天上。早霞映在稻田里,嫩绿的稻秧上闪着一颗一颗透明的露水珠,多新鲜哟!一只什么鸟儿醒来了,从一棵树上飞下来,叽叽喳喳地叫了几声,又向天空中飞去。看到这一切,我更觉得跑出来是对的,在那米店里有多憋气呀!

又走了一程,我经过一个村庄。在村头的路旁,有一个卖饭的茅棚。我饿了,便走到茅棚里想买点儿饭吃。卖饭的是个老婆婆,我向她买了一碗饭。她问我:"你从哪里来呀?"我说:"从山里。"她又问:"你到哪里去?"我说:"走亲戚去。"她说:"你走了一夜路吧?"我感到一惊,忙问:"你怎么知道?"她说:"能看得出来,你身上的衣服全让露水打湿了,脚上的鞋也湿了,上面带着一层土,都结成了泥巴了。"我听了,心里一惊,我想,要是胡汉三布置人抓我,一下子不就认出来了吗?我不敢在茅棚里坐,忙大口把饭吃完,走出茅棚。走出茅棚后,见外面没有一个人,我又回到茅棚问那个老婆婆:"这儿离县城有多远?"老婆婆说:"看你问哪一个县城喽,南边有一个,离这儿四十里,北边有一个,离这儿五十多里,你问的哪一个呀?"我说:"问北边的。"说罢,我走出茅棚,向北走去。

我向北走着,心想,这里离县城只有四十里,胡汉三要派人出来抓我,很快就会撵上我的,我不能在路上走,要先躲一躲。我见前边有一座山,便向那山前走去。

我拐了好几条路,走到了山脚下,一看这山很高大,便顺着山下的小路向山上爬去。我爬到了山顶上,气喘吁吁的,但觉得这里很安稳。我坐在一块山石上,向四下里望去,只见四下里有树木,有竹子,青青绿绿,十分好看。这时太阳已升起来了,阳光洒在身上暖融融的,十分舒服。这一年多来,我从没有像这样轻松过,于是放平了身体,枕着小包裹,呼呼地睡着了。

名师导读：闪闪的红星

我正睡着，忽被乱石滚动的声音惊醒了。我连忙折身坐起来，就听山下面有人说话。我走到一个豁口，向下一看，见两个穿黄皮的保安队员，押着茅棚里卖饭的老婆婆在山下搜寻，一边搜寻，一边问老婆婆："是不是有个孩子爬这山上来了？"那老婆婆说："我没见什么孩子呀！"一个穿黄皮的家伙说："有人见他爬这山上来了！"老婆婆说："我没见什么人往这山上爬。"另一个穿黄皮的家伙说："算了，别往山上爬了，爬破了鞋，他们又不给买。"先说话的那个家伙说："哎，只要能抓住那个小崽子，上头不是说要赏五十块现大洋吗？"老婆婆问："为啥要抓一个孩子呀？"穿黄皮的家伙说："他是一个共产党的儿子，还放火烧人哩！"老婆婆停住了脚，往山上看看，说："我看不会躲在这山上，这山上也没有共产党啊！"那两个家伙不听她说，还是向上爬来，我忙轻轻地转过身，向另一个山头爬过去。

我向另一个山头爬着，见山腰上有棵树，树叶十分稠密，便走到树下，纵身爬到了树上。树叶子密密丛丛，把我遮住，使我能看到外边，而外边的人却看不到我。隔了一会儿，我见那两个家伙爬到山头上来了。他们向四下里望了望，骂了几句，就又都下山去了。我在树上坐着，心想，胡汉三使的什么办法，让这里的保安队也来抓我呢？后来我想起来了，他们这些家伙全都是一伙的，他们全跟共产党作对，只要他们上司下个命令，他们就会一起出动，况且还要赏给他们五十块现大洋哩！

太阳偏西了，我才从树上下来。但是我不敢走下山去，怕还有保安队在山下候着捉我。可是我的肚子饿了，越挨下去，越饿得厉害。我想在山上找点儿野果子吃，又找不到，饿得肚子咕噜咕噜地响，这时忽然想起我爹从腿中向外取子弹的事，记得他曾向我说："硬是不怕，痛就会怕你，也就不痛了。"我现在饿了，我不怕饿，看能怎么样！的确，我不再想饿的事，也就不觉得那么饿了。

我不想饿,却想到了我爹,想到了红军。你们快些回来吧!这里的白狗子变成了黄狗子,到处行凶作恶;这里的田又让地主夺去了,这里的穷人买不到米吃;还有,胡汉三派人到处抓我,他们对红军的根芽是那么狠毒哇!我们这里的人多么盼望你们哪!这时天空中忽然有两声嘎嘎的雁叫,我抬头一看,一群大雁摆成人字形向北飞去。我听人说,雁会捎信。雁哪,雁哪,你能不能落一只下来,给我向延安带去一封信哪!

太阳落下去了,山里起了灰蒙蒙的雾气。我从山上下来,选一条向北的路,大步地走去。

我不停地走着,肚子也饿得特别厉害,但一想到我走到了延安就可以跟着毛主席闹革命,就可以见到我爹,就可以搬来红军报仇了,我的脚下又有劲了。走哇,走哇,我的脚底板上磨出血泡来了,我还是走。走哇,走哇,我的腿走酸了,我还是走。一直走到天亮,我走到一个县城的城外。

天亮了,城外有一些卖吃食的。我走到一个卖粥的挑子前,先买了碗粥喝,又买了些烧饼和油条吃,一下子把我身上的钱全都用光了。我吃饱了,便想向人打听到延安去怎么走。我问卖粥的:"你知道延安在什么地方吗?怎么走法?"那人摇摇头说:"不知道。"我又问另外两个人,那两人也说不知道。后来有一个人告诉我,叫我到城里做生意的人那里去打听。

走到城门跟前,我想走进城去。城门口两个站岗的保安队员用枪拦住了我。胡汉三难道也把信送到这里了吗?我正在疑惑,一个家伙问我:"你进城干什么?"我想了一下说:"上我二表叔家去。"另一个家伙指着我手中的小包裹说:"你手里提的什么?"我说:"是我穿的衣服。"他说:"打开看看。"我只好把包裹打开让他们看。他们翻来翻去,见没什么可拿的,就向我说:"进去吧!"这时我才放了心,知道这是一般检查,不是胡汉三那里布下的。

我进到城里，见一些店铺才刚下门板，那些下门板的学徒，都和我差不多的年龄。我想，他们也不会知道去延安怎么走吧！果然，我问了两个，他们全说不知道。我走着走着，走到一个学校的门前，见一些学生正往学校里去。我想，学校的老师知道的事情多，他一定能告诉我延安在什么地方。于是我在学校门旁站下，想等一个老师过来。不多会儿，就见一个穿长衫的人挟着一本很厚的书向学校走来。我想这个人必定是老师，便走过去迎着他鞠了一躬，说："先生，我问你个事。"那人说："什么事？"我说："你知道延安在什么地方吗？"那人惊奇地上下看了看我，又四下看了看，小声问我："你问这干什么？"我说："我……就是问问。"那人说："远哩，听说红军走了两万五千里！"我说："要上那儿去，得怎么走？"那人又上下看了看我，说："不好走，我也不知道。"这时从一旁又走过来一个穿长衫的人，他忙向我说："以后别再向人问这个事。"说着，大步就向学校走去了。

那人走去了，我才知道我刚才办的事太冒失了。刚才我遇到的，大概是个好人；要是个坏人，再把我盘问起来，不就麻烦了吗？虽然我没问出来该怎么走，可是我已经知道延安离这儿多远了：两万五千里！啊，两万五千里，好远哪！我一天走五十里，十天走五百里，一百天才走五千里，这两万五千里，我要走五百天！好，就是五百天，我也一定要走到。

吃了两顿饭，把我身上的钱全用光了，再向前走，我就得要着吃。好，就是要饭吃，我也一定要走到延安。

要了一天饭，又走了一天路，第二天下起雨来了。天一下雨，我就不好走了。这时正好来到一个村庄，见庄头有个牛棚，我就在牛棚里坐了下来。雨一个劲儿地下着，越下，天气就越冷。我打开小包裹，把我妈的夹袄拿出来穿在了身上。穿起妈妈的夹袄，不由得又想起爹临走那一夜向妈说的话："要是工农民主政府还存在,要是能念书,就送他上列宁小学。"列宁小学我没能上,但是经过几年的磨炼,我也学懂了不少道理。是谁逼我到这里来的呢?是胡汉三,是沈老板,还有警察局长那些白狗子!就是那个压迫我的阶级呀!爹,我要找你去,我要和你一起跟着毛主席打倒那个压迫我们的阶级!想到这里,我捏捏衣角,爹给我的那个红五星还缝在里边。摸到了红五星,我又有力量了。

  这时外边雨小些了,我便想到村庄里去要点儿饭吃。我走进庄子里,在两家小户人家要了点儿剩饭吃了。后来,我走到一个高门楼前,刚往门口一站,还没张口,就听"哧哼"一声,蹿出一条大黑狗来。我吓了一跳,想要躲开,可是那狗已咬住了我的小腿。我用力一挣,腿让狗咬破了,向外流着血,裤子也让狗撕破了。我冒火了,从地上拾起一块石头,举起来就向狗头上砸去。那狗逃到一边去了。这时,忽然有人大喊了一声,我抬头一看,见从门里走出一个人来。这人有四五十岁,胖胖的,黄黄的,头上戴着一顶缎子帽,稀稀的眉毛,两只小眼睛,扁鼻子,阔嘴巴,留着几根稀稀拉拉的黄胡子。我一看这人,就知他不是好东西,想不理他就走开。可是这个人问了我一句:"你是要饭的吗?"我没有回答。他又说:"你为啥要饭哪?"我说:"走路走饿了,没得吃。"他把我上下看了看,又说:"你家在哪里?"我对他忽然起了疑心,他问我这做什么?我含糊地说:"在山里。"

  "你家里还有什么人?"

  "没有什么人。"

  "就你自己吗?"

  "就我自己。"

  "你这是准备上哪儿去?"

  "不上哪儿去。"

  "啊,我给你找个吃饭的地方吧!"

我瞪大了眼睛,提防地看着他。他说:"你就留在我家吧!"

"干什么?"

"给我放牛,做个零活儿,我管你饭吃。"

这下子我明白了,这家伙准是个地主,想让我在他家当长工。我瞪眼看看他,说:"我不。"转身就走开。这个家伙向我哼了一声,瞪着小眼在背后骂了我一句。

这时雨又下得大起来,我想找个避雨的地方又找不到,只好又往牛棚那里走。

我走到牛棚里,坐了下来。雨还是哗哗地下着。我坐下不久,忽听到有人踩着泥水,向这边走来。不一会儿,刚才那个要雇我的黄胖子,手中拿着一根棍子走进牛棚里来了。我坐在那里不动,翻眼看看他。他用棍子指着我说:"站起来!"我没有站,问他:"要做什么?"那家伙说:"你到底愿不愿在我家干活儿?"我心想,我还要去延安哩,留在你这儿做什么!便说:"我不。"他把棍子举起,在我脸前晃了晃,说:"快给我滚!"我说:"我在这里躲躲雨,碍你什么事?"他又拿棍子指了指,说:"这是我的牛棚,不许你蹲在里边!"我一听这牛棚是他的,也不再向他说什么,提起小包裹,顶着雨就走了出来。我听他在我背后还恶狠狠地说:"以后不许你再到这个庄来,再来,我把你的腿打断!"

我心里不服,偏要向庄里面走。他赶过来打了我一棍子,说:"不许你进庄,快滚!"我真恨极了,弯腰从地上抓起一把稀泥,照着这家伙的脸上就打过去。也真巧,一把泥全打在这家伙的眼睛上,他"哎哟"了一声,用手去捂眼。我拿起他丢在地上的棍子,狠抽了他两下,拔腿就跑开了。

离庄子不远有座山,山上有个小庙,我一气跑上了山,到了小庙门口。小庙的门敞开着,里面没有什么动静,我便走了进去。庙院子里有棵很粗很高的白果树,东边和西边的两间小屋全锁着,只有北边的屋门是开着的,我便走进了北屋。我进了北屋一看,见地上香灰、尘土很厚,一个高台上有一个金脸的神像,神台前也没有香火和蜡烛。我想,这地方一定很久没有人来了。我把长条石上的尘土吹了吹,打开小包裹,把我的一条薄被子铺在石上,脱下湿衣服,爬了上去躺着。由于疲乏,不知不觉,我睡着了。

当我醒来的时候,正当是半夜。我睁眼一看,到处一片漆黑,伸出手来,自己都看不见。山里起风了,风怒号着,"呜——呜——"从四面八方全往这个庙里刮。院中那棵白果树被刮得呼呼啦啦,像要被连根拔起。这间小庙像是要被从山上刮下去一样。我感到十分冷,肚子里也很饿。湿衣服还没完全晾干,我只好摸着黑,把包裹里的衣服全拿出来套在身上,用薄被子把身体裹起来,蜷缩在石台上。我希望自己能再睡过去,可是不论怎样合上眼,都睡不着。越是睡不着,就越觉得饿和冷,越是饿和冷,就越睡不着。夜,是那样的黑,又是那么长,我多么盼望早一点儿天亮,早一点儿见到太阳啊!

外边的狂风终于息了。我等着等着,慢慢地天已经露出微光来了。我又忍了一阵子,见外边天已经大亮了。我伸直了腰,把身上的被子揭下,跳下石台,走到庙外,向东方一看,啊,太阳出来了!

太阳出来了,火红火红的,亮闪闪的,暖烘烘的。太阳光照到庙的西墙上,墙上隐隐约约有几个字。我走到跟前细细地辨认了一下,原来是"打土豪,分田地"六个大字。这六个大字,虽然让雨水冲得模糊了,但是经太阳光一照,我还能清楚地认出来。见到这六个大字,我的身上陡地添了些力气,我想,这里也曾闹过革命,别看现在白狗子行时,有一天红军回来了,这里的土豪还是要打倒的,田还是要分给穷人的,革命还是要成功的!

想到这里,我回庙收拾好我的小包裹,便下山奔村庄走去,想要点儿东西吃再赶路。

  我到了村庄,正赶上人家都在做饭。我还是到小户人家门口去要,他们都可怜穷人。我要到两碗粥喝。到了村西头,正要出庄上路,这时从庄子里走出一个背着书包的十二三岁的学生。这个学生身上穿的都是些绸缎衣服,分头梳得光光的,看样子是个有钱人家的孩子。他手里拿着一块米糕,一边吃一边走。当他走到我身后的时候,忽然停了下来,冲着我说:"哎,小要饭的,你过来!"我没过去,瞪眼看了看他。他见我没过去,又说:"你过来呀,叫我一声爸爸,我给你这块糕吃。"这小子这样欺侮人,我心里直冒火,但不愿再惹事,就不理他,把脸转了过去。他见我不理他,走到我面前来,把糕丢在我的脚前,唤着:"吧儿,吧儿!"他把我当作狗呢,我再也忍不住了,飞起一脚把他那块臭糕踢出了丈把远。他见我踢了他的糕,立刻拧眉竖眼,大声嚷叫:"赔我,赔我的糕!"

  "赔你!赔你两块发糕!"我狠狠地照他的脸上"啪!啪!"打了两巴掌。真解恨哪,顿时,他的脸上出现五个红手指印子。

  "快来人哪!这个要饭的打我了!"他扯住我"嗷嗷"地号了起来。我见他放赖,怕他缠住我走不了,便用力一甩,把他掼倒在地上。这小子真够坏的,他倒在了地上,又抱住了我的腿,还是"嗷嗷"地叫,我使劲踢他,他怎么也不撒手。

  这小子一号叫,从各家走出一些人来。一个老婆婆走过来向我说:"哎呀,你怎么惹了这个祸乱星啊!快跑,要是他老子出来,就没有你好果子吃了。"另一个中年人也说:"嘿,他是保长的儿子,什么坏事都做得,你怎么敢打他!"说着,他拉着那地上的孩子,想让我脱身跑开。正在这时,忽然有人大喊着向这边走来。我一听这声音很熟,抬头一看,正是那个让我拿泥糊了眼的黄胖子。这时倒在地上的孩子也看见他了,没命地喊:"爸爸,快来呀!"

黄胖子抓住我的肩头,拖着我便往庄里拉。我知道和这种人是没有理可说的,便闭着嘴,一声不吭。这时围着很多人看。刚才那个拉架的老婆婆,走到黄胖子跟前说:"保长,饶了这孩子吧,他不懂事。"黄胖子把眼一瞪说:"我饶不了他,你看我不剥他的皮!"后来那个孩子又叫来两个狗腿子,把我倒剪着两手绑了起来。我踢他们,大声和他们吵,可是怎么也无法挣脱了。我有点儿后悔刚才和那个地主崽子认了真,因为这耽误了我走路,使我不能早一天到延安,可是那口气又叫人怎么憋得了哇!

他们把我带到那高门楼的院子里。院子里有棵大槐树,我被吊在了槐树上。我见黄胖子从墙根摸起一条竹扁担,便怒声责问:"你凭什么打我?"胖子没有回答,照我身上就打;刚才让我打倒在地上的那崽子,也拿了根竹鞭出来,没头没脸地抽我。开始的时候,我还觉着痛,后来就觉得浑身让他们打麻木了,到最后,我连知觉也没有了,活活地被他们打昏过去了。

不知过了多少时候,我觉得脸上有些发痒。我想翻个身,可是翻不动,浑身的骨架像是散开了一样。我心里发热,嗓子渴得厉害,很想喝口水。我想睁开眼,可是眼皮特别重,睁了几次也没睁开。我一急,用力地动了动身子,这时我听到耳边有个人说:"活了,活了!"我觉得嘴唇边有个水碗,便迷迷糊糊地喝了两口。喝下了水,我觉得有了点儿劲,使劲把眼睁开。一看,呀,我这是在哪里呢?原来我躺在一个河滩上,我身旁蹲着一个五十多岁的老公公,他正拿水喂我。

"你这孩儿还算命大,没有让打死。"公公一边喂水,一边说。

我吃力地问了声:"公公,这是……"

"这是双岔河。"公公说,"你让武保长打了一顿,扔在这河滩上了。我路过这里,见你还有口气,怕有野狗来把你糟蹋了,在这里守了你老半天了。"

"谢谢你……"我想起挨打的事情来了,觉得浑身像火烧一样痛。我想看看我的小包裹还在不在,便扭头左右看了看。

公公说:"你找什么?"

我说:"我的包裹。"

公公说:"包裹早让武保长留下了。"

我看看我身上,就剩下一套衣服,罩在外面的我妈那件夹袄,好几个地方都让他们打烂了。我摸摸衣角,我爹留给我的那个红五星,还缝在那里。我问:"这个武保长,是……"

"他是这里的财主,叫武玉堂,有一百多亩田,还当个保长,有钱有势。"

我想,我离开一个胡汉三,又碰上一个"胡汉三",天下的土豪地主,全是一个样啊!我扶着老公公想站起来,可是怎么也站不起来。老公公说:"你莫动,浑身都让打烂了。"

我说:"公公,我得走哇!"

老公公问:"你上哪里去?"

我想老公公一定是个好人,便说:"上延安。"

"上延安?"老公公四下看了看,"你上那儿去干什么?"

"找我爹去。"

老公公长长地抽了口气,"啊"了一声,轻轻地说:"远哪!"

我忙问:"公公,你知道延安在什么地方吗?"公公摇摇头。我又问:"到底有多远?"

公公还是说:"远哪!"

我说:"再远,我也得去。"

公公说:"你走不了啦,你看看你的腿。"

我抽动了下腿,腿像是两根直木头,不能打弯。

"让打坏了!"老公公一边说,一边把我的腿搬动了一下。

我一见腿让打坏了,不由得发起急来:要是不能走,我怎么到延安去呀！我怎么能见到我爹,见到红军哪！我急得两只手在河滩上乱抓。后来老公公叹息了一声,说:"你先跟我去吧!"

我问:"公公,你住在哪里?"

"在姚池。"公公说,"离这里还有十多里路。"

眼前我是十多步也走不动的了。我正在想着该怎么办,公公说:"走吧,我背着你。"说着,他就蹲下身子把我背了起来。我感激得止不住流下了泪水,连连地说:"公公,公公,你真好!我永远也忘不了你。"

公公说:"唉,我和你一样,我家里也有人在延安。"

第八章

公公背着我，一路上我和他拉叙起来。

"公公你姓啥？"

"姓姚。"

"你家什么人在延安？"

"我儿子。"

"他叫什么名字？"

"叫姚海泉。"

"他什么时候去的？"

"整整十年了。"

无怪老公公像亲人一样收留我，原来他家也有人当红军。这时我想起小时候学的一支歌：

  巴根草哇，根连着根，
  天下穷人哪，心连着心；
  十个指头哇，肉连着肉，
  阶级兄弟呀，情义深。

"我们全是一根藤藤上的瓜。"公公说，"红军不回来，我们还得吃些苦。"我问姚公公:"你知道红军什么时候能回来吗?"姚公公说:"我也说不准,但总有那么一天。"

天傍黑的时候,公公把我背到他家里。他把我放在屋里,见屋里没有人,便向屋后喊:"小红妈妈,你来。"一会儿,进来一个老妈妈。她见了我,一愣,问:"这是谁呀?"我说:"我姓潘,叫潘震山。"

老妈妈问:"你是从哪儿来的?"

姚公公说:"我在路上捡的。"

老妈妈见我一身伤,问:"这身上是怎么弄的?"

姚公公说:"让武保长打的,快弄点儿水给他洗洗。"

老妈妈向屋后喊了声:"小红!"一会儿进来一个十二三岁的女娃,老妈妈向她说:"你快烧点儿开水。"

在烧水的工夫,姚公公向我们屋里三个人都做了交代。他说:"往后,震山就留在我们这儿啦。有人问起……"他向老妈妈说:"就说是你妹妹的孩子。"又向我说:"你往后就管她叫大姨,管我叫姨父。"他又指指那烧火的女娃说:"她叫小红,是我娃,你们两个就算姨兄妹。"那女娃一边烧着火,一边看着我笑了笑。我心中十分感激姚公公,可是我想,我不能长久留在这里,伤一好,我还要上延安去的。我就说:"伤好了,我就走。"

"你这样胡乱走是不对的。"姚公公向我说,"应该依靠组织。"一路上,我已经把我从宋大爹那里出来,到米店学徒的经过向姚公公说了,他对我的事情很清楚。他说,"你应该想办法找到你赵叔叔,找到吴书记。"我说:"我都找不到哇!"姚公公说:"你先留下来,我帮你找。"姚妈妈也说:"你留下吧!"虽然这里不是红军、游击队,也不是宋大爹的家,可是我到了这里,就像到了自己的家里一样,我是又见到亲人了。就这样,我就在这里留了下来。

我住在姚公公家里,和在米店里完全不一样了。不但头顶上减去了那个沉甸甸的压得我喘不过气来的东西,在生活上也增添了很多温暖。我管姚公公叫姨父，管姚妈妈叫大姨，管小红叫妹妹，我们有着共同的希望，共同的感情，我完全是他们家中的一个人了。

我右腿被打得特别重，有一个地方化脓了，养了两个多月还没好。我很着急，心想，要是腿不好怎么走那二万五千里路哇！这样，我更恨黄胖子那帮家伙了。一天，外边下着雨，我们一家四口人围坐在小屋里。我指着腿上的伤说："我在柳溪，胡汉三打我；到米店，沈老板打我；跑到了双岔河，黄胖子又打我。他们凭什么……"

大姨说："仗着他们有钱、有势呀！"

姨父说："还仗着他们手里有枪，有保安团、警察局……"

大姨说："是呀，官府衙门全和他们一个鼻孔喘气，印把子在他们手里呀！"

可不是嘛，要是我们工农民主政府还在，要是红军还没走，那天下该是什么样子呀。十年前，他胡汉三、黄胖子只能像条狗一样，被用绳子绑起来，戴着高帽子游乡！可这会儿，他们全像凶神恶狼一样。这时我又想起了列宁小学课本上的话：

　　工农，工农，
　　工农不能忘，
　　手中没有枪，
　　永远做羔羊。
　　要翻身，要解放，
　　快快来武装！

我把这段话，向姨父三个人念了出来。姨父说："穷人翻身解放那一天一定会来的。"他看着外边的细雨，轻轻地唱着一个歌：

北斗星,亮晶晶,
三湾来了毛泽东,
带来武装工农兵,
井冈山,一片红。

姨父唱着,脸上焕发着兴奋的神采,他说:"有我们的毛主席,有毛主席领导的工农子弟兵,不但井冈山将来还要红,整个中国也都要红的。"

姨父能讲很多动人的革命故事,而且能讲很多革命道理。听了他的话,我更加明白:我要去延安,我要找游击队,不只是为了替妈妈报仇,更是要去革命。革命,就是要打倒日本侵略者那样的帝国主义者,打倒那些大大小小的和胡汉三一样的地主、买办资产阶级。革命,就是要给无产阶级打天下,夺取政权!这样,我也明白我过去的某些行为,多是些孩子的简单的做法,比如放火烧胡汉三,这是出于我对敌人的仇恨,但这还是为了个人报仇。靠一个人是不能打倒阶级敌人的。只有参加革命队伍,在共产党和毛主席的领导下,才能打倒阶级敌人,夺取无产阶级革命的胜利。道理知道得多了,我更急切地盼望能早一天参加到革命队伍里去,做一个武装起来的革命战士。

到了这年秋天,听城里来的人说,日本鬼子投降了,抗日胜利了。听到这个消息,我们都十分高兴。我向姨父说:"我爹和海泉大哥,还有红军就要回来了,他们是北上抗日的,日本鬼子投降,他们一定会回来了。"

姨父说:"他们要回来,就怕有人不让哟!"

我说:"不让就打嘛,能打败日本鬼子,还不能打败他们!"

姨父说:"再等等看吧!"

为了找到赵叔叔,姨父到我们那个县城去了一趟,没有见到赵叔叔。他在城里听人们说，国民党军队从后方跑过来了，还听说，共产党山上的游击队也下来了。我一听这个消息，再也不愿等了，就向姨父说："我回柳溪去。胡汉三是汉奸，修竹哥的游击队一定会下山来抓他，我回柳溪，说不定能碰上游击队。"姨父同意我的意见，并且要和我一同去。

姚池离我们县城九十多里，从县城到柳溪还有三十多里，一共是一百多里路。我和姨父一共走了两天，傍晚的时候，走到了茂岗的庄头上。姨父向我说："你莫要一头闯到柳溪去，先到茂岗，找熟人问一下，问清楚了再去。"我说："好。"便和姨父一起走进了茂岗。

我和姨父走到过去宋大爹和我一起住过的地方，一看，那房子已被烧掉了，只剩下几堵倒塌的墙壁。我看着倒塌的房子发愣。

忽然，"吱呀"一声门响，从后边的房子里走出一个老婆婆来。她向我看了看，我也看着她。她走近我说："你是冬子吗？"我说："是呀，你是刘三妈？"她高兴得流下了眼泪，紧紧地抓住我的手说："唉，我是。冬子，你长得这么高了。这些年你都跑哪儿去了？"我没有回答，也激动得说不出话来，过了一会儿，才问："宋大爹回来了吗？这房子是谁烧的？"刘三妈说："不是一句话可以说完的，你快到我家来吧！"

我们到了刘三妈家里。我向她说，姚公公救过我的命，现在是我的姨父。刘三妈拿茶给我们喝了，我又问她："宋大爹回来了没有？"

刘三妈说："去年就回来了。"

我忙问："他现在在哪里？"

"唉！"刘三妈叹了口气说，"他回来还不到一个月，胡汉三就带了一队人来到茂岗，口口声声说是你放火烧了他，要找宋大爹把你交出来。"

我想，这一定是我放火之后，胡汉三跑来找过我了。我又问："胡汉三找到大爷了吗？"

刘三妈说："你大爷也是从后墙翻到我院子来，胡汉三没有找到他。"

一听大爷没被捉去，我很高兴，又问："以后呢？"

"以后，胡汉三没有找到你大爷，就放火把他的房子烧了。"

我说："大爷呢？"

刘三妈说："他说要出去找你，第二天就出去了，自从那以后，就再也没有回来。"刘三妈说完，叹息一声。我想起大爷那年为了救我，和胡汉三斗争的那个情景，心里不禁肃然起敬。大爷呀，你为红军的后代坐过大牢，你为我担过不少的心，如今你又到外边去找我，大爷呀，我多么想见到你呀！

我们三个人一时都说不出话来，后来还是姨父问刘三妈："日本鬼子投降以后，胡汉三怎么样了？"

"怎么样了？"刘三妈生气地说，"还不是那个老样子！他儿子是'中央军'，也不知是从哪里跑回来了，胡汉三把他的一百多人也交给他儿子改编成了'中央军'，他自己又当起老太爷来了。"

我说："他是汉奸，没有把他抓起来吗？"

刘三妈说："谁抓他，他还要抓人哩！"

我说："山上的游击队没下来吗？"

"游击队？"刘三妈脸上露出笑容，"他们来过的。"

"现在在哪儿？"我急切地问。

"又走了。"刘三妈说，"那天晚上他们路过这儿的，吴书记还召集人说了一阵子话，说是要到西边靠铁路的一个什么地方去。"

我看看姨父，姨父说："总算打听到点儿消息了，咱们再上山里去看看吧！"

刘三妈留我和姨父过了一夜。第二天早上吃了饭，我和姨父上了老山。老山,我自己曾经去过一次,隐约还记得路。为了怕回来时迷了路,我还是在走过的路边插上一根小竹竿。到了中午的时候,我找到过去游击队停留的地方。我曾经和修竹哥、陈钧叔叔、游击队员在树下坐过的那棵大树让人伐走了,只留下一个大树墩。我曾经睡过的那个山洞还在,可是里面空空的。四下里静悄悄的,没有一个人。姨父问我:"这就是游击队住过的地方吗?"我说:"是的。"后来我在一块岩石上发现凿着"中国共产党万岁"几个字,指着给姨父看,姨父看看岩石上的字,又用手摸了摸,然后爬到一块高石上四下看了看,走下来对我说:"这里最近没有人走过,地上的鸟粪很多。"我心里急了,不由得说:"游击队那么难找哇!"姨父说:"是呀,如果那么好找,白狗子不就容易找到他们了吗?"我说:"我们下山吧!"姨父说:"再坐会儿。"我见姨父对这周围很留恋,便问:"姨父,你也很想见到游击队吗?"

"是呀,"姨父说,"那是亲人嘛!跑这一百多里路,就是为了能早些见到他们。"

我又问:"你也很想海泉大哥吧?"

"想啊!你想你爹,我当然也想我儿。"姨父上下看看我说,"他那时跟红军去长征,也就是比你高半头,才只有十八岁哩!现在,把日本鬼子打败了,他们该回来打白狗子了。"

虽然这一次没有找到游击队,但是我并不失望。我和姨父一起顺着插有竹竿的山路走下山来。

我们从茂岗往回走,一边走,姨父一边向我说:"你看,汉奸和'中央军'好像一个妈生的,一见了面,就成了一家人了。"我说:"他们本来就是一家人嘛,胡汉三当汉奸,他儿子当'中央军',见了面,自然是一家。"姨父说:"他们滚到一起去了,往后,我们还要吃苦哩!"

果然,有一天,我和小红妹妹打柴回来,走到家门口,见门口站着两个扛枪的遭殃军。甲长堵着门口站着,屋里还有一个挎短枪的遭殃军,正和姨父争吵着。姨父说:"昨天刚拿了我的钱,怎么今天又来要哇?"那个挎短枪的家伙说:"昨天拿的是欢迎费,今天拿的是慰劳费。"姨父问:"欢迎谁?慰劳谁呀?"挎短枪的家伙说:"慰劳我们哪!"

"你们?"姨父上下打量着那个家伙。甲长跟着补充一句说:"对,我们劳苦功高。"

"什么功劳?"姨父瞪眼看看甲长。甲长答不上来,看看那个挎短枪的家伙。那家伙把眼一瞪说:"你少废话,拿钱来!"

姨父说:"钱让你们要光了,我没得钱拿。"

"没得钱拿?"那家伙把短枪拿在手里,"没有钱,给米也行。"

"我也没有米。"姨父说,"连吃都没得吃哩!"

"你个老东西,想抗捐不交吗?"那个家伙把枪口对着姨父。这时甲长走到外边,在一个扛枪的家伙耳边嘀咕了几句,这个家伙走进屋去,向那个挎短枪的说:"报告排副,这老头的儿子在外边当共产党,是个赤属。"

"啊!"叫排副的家伙把小眼瞪得溜圆,"无怪你敢跟我顶嘴,原来你家有当八路的!我说,你放明白点儿,快把钱交了,要不,我可要把你抓起来!"

姨父说:"你爱怎样就怎样,反正我没有钱,也没有米。"

那排副举起手来,照姨父脸上就是一巴掌,回身向那两个扛长枪的家伙说:"到屋里搜!"那两个扛长枪的遭殃军一头钻进屋里,立刻翻坛倒罐地闹腾起来。

"你们这是什么军队,怎么抢老百姓?"姨父愤怒地要推开那两个遭殃军,一个家伙举起枪托,一下子把姨父打坐在地上。

我心里像火燎着一样,拿起砍柴刀就向屋里去。小红妹妹怕我闯祸,一把拉住我。姨父这时也看见我了。他瞪眼看了我一下,说:"让他们抢吧!"

这时一个家伙找到了半淘箩米,高兴地叫了起来,不由分说,连淘箩带米一起端着走出去了。

我气得两手直打战,姨父气得脸发青,小红妹妹把眼泪都气出来了。姨父咬咬牙说:"这一帮狗东西,不把他们除掉,我们就没有好日子过。"

姨父暗下里到处打听共产党和红军的消息。这时我们知道,过去的红军,后来改叫八路军、新四军,现在叫解放军,过去只有几万人,现在有一百多万人,全国到处都有他们。有人说,解放军在北边打仗。我们听到红军比以前人也多了,枪也多了,根据地也大了,都非常高兴,可是就是见不到他们。我要走着向北方去找解放军,姨父不同意,他说要等找到组织之后才能去。

找着,等着,一晃又过去了一年多。

一天,姨父被甲长叫了去。隔了半天,姨父沉着脸回来了。大姨问他有什么事,他也不说,只是闷着头抽烟。我问姨父:"到底是什么事呀?"

"他们要抽你当壮丁!"姨父终于说出来了。

"抽我当壮丁?"我吃惊地问着,"他们要抽我去当遭殃军吗?"

"啊,是要把你往死处里送。"姨父愤愤地说,"他们这是生着法子要把你害了!"

大姨说:"不能让他们抽去呀!"

姨父说:"他们说了,不出人也行,得拿两担米顶上。"

"两担米?"我又一惊,"我们哪儿来两担米呀?"

姨父说:"他们也明知我们拿不出两担米,那是故意为难我们。"

大姨问:"这可怎么办哪?"

我说:"去找游击队,要不,就上北方去找解放军!"

"嗯,明天我去挖药。"姨父果断地说,"换点儿钱当路费,我送你上铁路边去找游击队。"

"姨父……"我看着姨父的脸,激动得说不出话来。

晚上,收拾了爬山的工具。

第二天吃完早饭,我和小红妹妹准备跟姨父上山。姨父想了一下,向我俩说:"你们两个拿着砍柴刀,带两副担子。"我说:"能采这么多药吗?要两个人挑?"

姨父说:"哪采得那么多药!带着扁担、绳子,准备挑柴。"我还没完全懂得姨父的意思,姨父又说,"我们采了药从山里就走了。"

我说:"那好哇,免得回来再被他们缠住。"我是想走得越快越好,"可是那两担柴……"

姨父说:"挑担柴做个隐身草儿。两个人空着手走,人家要疑心的。我们挑着柴走,就说是卖柴的,这样别人就不会注意我们了。"我想,姨父真是个细心人,想得多周到哇!因为这一去要找到解放军,要找到我爹,我必须把妈妈的夹袄和爹给我的红五星带着,我就请大姨把妈妈的夹袄给我找出来,连同别的衣服打成一个小包裹。大姨把小包裹给我,回过身来,从锅里取出四个煮熟的鸡蛋给我说:"带着。"我十分留恋地喊了声:"大姨,我走了。"

大姨把我上下看了看,拉着我的手说:"也打听点儿你海泉大哥。"

我说:"唉,等找着海泉大哥,我和他一起回来。"

大姨把我们送到了门外。我走了很远,回过头来,见大姨还站在门口望着我们。

跟着姨父进了山口,就看到很多直立的山峰。山腰上有一些云雾缠绕,看不到山顶。山路是崎岖的,一忽儿走在山谷里,一忽儿爬在山岭上。快到中午的时候,姨父领我们在一个高大的山峰下停下来。我仰头看看那高大的山峰，上面生着一些竹丛和爬藤，两只山鹰在上空盘旋着，也只飞到那山的半腰。这山峰不但是直上直下的陡直，不少地方还是向外倾斜的，莫说人爬不到那地方，就是能爬到那里，根本就没法站住。姨父在山下站着看了看，把背篓搭在肩上，然后把一个带着铁钩子的板带扎在腰里，把一双鞋脱下来，用一根吊竿勾着山上的古藤，一步步攀了上去。

姨父爬到山腰去采药，我和小红妹妹在山下砍柴。有时我仰头看看上面，只见姨父用铁钩子把自己挂在山腰里，两只手左右寻找着，不时地拔起一些东西丢在背后的背篓里。我从心眼儿里感激姨父，我想，我们本来素不相识，只因为他知道我是一个红军的儿子，便从死亡中把我救出来，收留下来，把我当成亲人。现在，为了不让遭殃军抽我去当壮丁，这么大年纪还爬到这么高的山上去采药，弄路费，送我去找自己的队伍。这是阶级的情义呀，我不论走到哪里，不论什么时候，都要永远永远记住的。

小红妹妹见我只顾看着山腰里，便说："哎，怎么光看，不砍柴呀？"我便又和她一起砍起柴来。小红妹妹问我："你找到了游击队，还回来吗？"

我说："不回来了。"但我觉得这话说得不周全，又说，"等打完白狗子，我再回来。"

"要是没打完呢？"

"就打一辈子。"

小红妹妹看看我笑了。

我问小红妹妹："你想海泉大哥吗？"

她说："想啊，可是我还不知道他是个什么样子哩。他走的时候，我才三岁。"

我说："我要像海泉大哥一样，打它十几年，几十年，直到打完白狗子，建立起社会主义。"

"到那时你和我哥哥一起回来。"小红妹妹抬头看看天空,空中正盘旋着一只山鹰。她说,"我也想和你们一起去打白狗子!"她指着那空中的鹰说,"你们就像那天上的鹰一样,飞得那么高,那么远。"我仰头望去,只见那只山鹰展翅疾飞,越飞越高,越飞越高,直冲云霄……

我和小红妹妹打完两担柴,姨父也采完药从山腰上下来了。休息了一下,姨父向小红妹妹说:"小红,我们就走了。回去跟你妈说,送震山找到铁路边我就回来。"小红妹妹点点头。姨父又说:"不论谁问起来,就说我们串亲戚去了。"小红妹妹又点点头。姨父又说:"要是甲长来要米,就说我跟亲戚借去了,借到米就给他。"小红妹妹又点了点头。姨父向小红妹妹交代完了,就背着药篓和我一人挑起一担柴向山外走。小红妹妹一直没说一句话,她站在一块高石上,默默地望着我和姨父向山下走去。

因为要把药卖掉,我和姨父便挑着柴来到了城里。到了一家大药铺那里,把两担柴放在门前,我跟着姨父提着背篓,把药送到收药的地方。姨父把药拿出来,放在了柜台上,只听一个收药的人说:"哎呀,这药可有了!"忙向后喊:"韩先生,胡团长要的药,有人送来了!"随着喊声,从里边走出来一个戴眼镜的瘦高个儿,他看了看药,忙说:"收下,收下!"一面又向姨父说:"你以后再给我们多送些这种药来。"

拿了钱,我和姨父走出了药铺,一看,有三个穿黄皮的遭殃军正守着两担柴在那儿吆唤:"喂,这柴是谁的?"

姨父走到柴担跟前说:"是我的。"

"我们买了!"一个黄皮子说。

本来这两担柴我们挑着当样子,是不准备卖的,姨父故意要了个高价:"五块钱一担。"

"挑走吧!"另一个黄皮子说,"到地方给你钱!"

姨父没办法，只好挑起柴来，我也跟着把柴挑起来，随着三个遭殃军向一条街上走去。

走了很长一段路，到了一个大院子里，这里住着很多遭殃军。我和姨父把柴送到一个厨房的旁边，姨父向那个黄皮子说："老总，给柴钱吧！"那个黄皮子说："今天没有钱，过半个月来拿吧！"

姨父说："老总，我们等钱用啊，要现钱。"

黄皮子把眼一瞪说："等半个月有什么了不得，不给钱，你也要送给老子烧嘛！"

我见这一帮家伙蛮不讲理，心里有气，便把柴挑起来要走。一个遭殃军跑过来抓住我，照我腿上踢了一脚："你小子往哪里挑？放下！"我把柴担一撂，气愤地问他："怎么，买柴不给钱，还打人？"接着便和这个家伙吵了起来。

吵着，吵着，从那边高房子里走出来一个当官的，他走过来问："吵什么？"

姨父说："我们两担柴，老总买了，说今天没钱，我们等现钱用……"

"哦……"那当官的拖长了声音，"两担柴能值多少钱嘛，何必这么吵闹！不会亏待你们的。"

其中一个黄皮子走到那个当官的跟前，小声说："团长，两个月都没关饷了，这钱……"

"嗯……"那当官的把眼皮一耷拉，转身又往那个高屋走去。

我知道，那当官的只是装模作样，他们官越大，搜刮老百姓越狠，哪里会给柴钱；这两担柴是让他们白抢了。正在这时，我见刚才在药铺收药的那个戴眼镜的瘦高个儿提着一个红纸盒子走到那个当官的跟前："胡团长，你要的这药有了，今天上午刚从山里送来。"

"噢，给弄来了。"那个当官的咧开嘴笑起来，"真叫你们操心了!"

"这是应该的。"瘦高个儿弓了弓腰说,"这种药可少有,要新鲜的更不容易,是我们专门派人进山采的。"

"这对治疗烧伤后遗症有效吗?"那当官的把药接了过去。

"有特效哇!"瘦高个儿直了直腰说,"胡团长,这药舒筋活血,生肌还阳,治烧伤后遗症可有效啦!"又拿出一张纸说,"这是用药的处方。"

"太谢谢啦!"叫胡团长的接过那张处方,向屋里喊了声:"马副官!"

叫马副官的从屋里走出来:"有!"

那个胡团长说:"你赶快骑上自行车,把这药给送到柳溪去,告诉老太爷,是太和堂韩先生专给他找的药,对治烧伤后遗症有特效。"

那个马副官说:"不要送去了,团长。刚才接到老太爷的一封信,他说要到这个县城来看看,今天下午就到。"

啊?胡团长!柳溪的老太爷!烧伤后遗症!今天下午就到!我看看西边的太阳,马上就要落了,又看了看姨父,姨父向我使了个眼色,摆了下头,转身就向外走。

我和姨父走出院子,刚走了几步,忽听到一声人力车的车铃声。我抬头一看,只见一辆人力车上坐着一个人,有五十多岁,穿一件灰色长衫,戴一顶黑呢帽,他的腮上、鼻子上和下巴上,都有烧伤的疤痕,可是那两只眼仍然闪着恶狠狠的寒光。他不是别人,正是那个没有被烧死的大土豪胡汉三!我身上的血向头上涌,拳头紧紧地攥起来。这时车上的胡汉三也正向我这边看来,姨父一下子用身子挡住了我。趁着胡汉三下车的时候,姨父拉着我忙向另一条街走去。

我和姨父没敢在街上停留,急忙出了城。姨父说:"胡汉三还像个恶狼一样。"

我说:"那遭殃军胡团长就是他儿子,恶狼添了毒牙,咬起人来要更凶的。"

"他们也凶不长久。"姨父说,"他们有遭殃军,我们有解放军,有游击队呀!"

"去找我们的游击队,去找我们的解放军,来把这群恶狼统统杀掉!"我说着,和姨父都加快了脚步。

第九章

　　出了县城,我和姨父又走了二十多里路。天黑的时候,在一个小庄子里借了个地方住下。第二天,姨父还要再向前送我,我怎么也不愿意。我说:"姨父,我这一去,如果找不到游击队,还要到北方去找解放军,你这么大年纪了,不要跟着我四处奔跑了。"姨父对我一个人走路还是不放心,说:"再送送你吧!"我说:"大姨和小红妹妹都在等着你呢,你不回去,我心里也不安。"姨父还是担心地望着我,我说:"姨父,放心吧,这些年的磨炼,我已经知道该怎样对付那些坏蛋了。"姨父听了这话,便从身上把卖药的钱拿出来,交给我说:"带着。"

　　我从那卷钞票中抽出了两张,可是姨父把那卷钞票全塞在我手中:"全带着。"

　　我怀着深深的谢意把那卷钞票接在手中,便和姨父分手向着西边有铁路的地方走去。

　　我走了两天,第二天傍晚的时候,走到了铁路边,又走了一程,来到了一个小车站上。

　　小车站空荡荡的,只有很少几个人在候车,完全不像有游击队的样子。离车站不远,有一个小集镇,我就走进了镇子。为了打听一下这里有没有游击队,我又走进一家小饭铺。

饭铺里冷清清的，只有一个五十多岁的男人在门内坐着。我问："有什么吃的？"那人说："只有米饭，没有菜。"我买了饭，一边吃着，一边就和那个人聊了起来："买卖好吗？"

"唉，不好哇！"那人叹了口气，"上个月过队伍，把东西都抢光了，没得东西卖呀！"

"过什么队伍哇？"我试探着问。

"遭殃军呗！"那人说着向门外看了看，又接着说，"他们过来好几百人，在东边黄圩子和共产党的游击队打了一仗，让游击队打死了好几十个人。"

"啊！"我听了很高兴，问他，"以后呢？"

那人愤愤地说："以后，遭殃军打了败仗，还强迫我们慰劳，把我们这里能吃能喝的全都抢光了！"

"那共产党游击队呢？"我装作随便地问了一句。

"打了胜仗，就走了，向北开去了！唉！"那人又叹息了一声，"游击队可好啦，一针一线都不拿老百姓的。"

"噢！"我点点头。等吃完饭，给了饭钱，我向那人说，"我是过路的，能借个地方给我住一晚上吗？"

那人说："行啊，就在我这前边铺子里住一夜吧！"

说着话天也就黑了，那人把铺子里收拾了一下，关上了大门，到后边去了，我就在这小饭铺里住下来。

我躺在那里，在想：怎么办呢？后来想到，游击队的去向是没有一定的，昨天向北，也许今天又向东了。干脆我一直向北找解放军大部队去，于是就决定明天搭火车向北去。

因为走了两天的路，实在太累了，不久，我就呼呼地睡着了。

睡到半夜，忽被一阵咚咚的打门声惊醒。我听得门外人声嘈杂地喊着："开门！开门！"同时邻近几家也有人在打门。我忙折身起来，拿起我的小包裹，从窗口跳了出去。在窗外的阴影处，我见店主人披着衣服从后边来了。他走到门边问:"谁呀?打门干什么?"

"快开门!"外边有人用脚踢了一下,"开门!"

店主人刚把门打开,便呼隆一下拥进来许多人,其中有的拿手电筒乱照。我顺着窗口,借着手电筒的光一看,原来进来的全是些背着枪的遭殃军。我想,夜猫子进宅,准没有好事。见身旁有堵矮墙,便爬上矮墙,又一纵身,爬到了房顶上。顺着窗子,还能看到屋内发生的事情。

"什么事呀,老总?"店主人惊慌地问。

"找几个挑夫给老子挑东西。"那拿手电的家伙上下照了照店主人。店主人说:"老总,我都快六十了,还有病,挑不动啊!"那家伙没理他,又用手电筒照了照我刚才睡的地方,问:"这是谁在这儿睡的?"店主人说:"是过路的。"

"过路的?"那家伙又照了照,"人呢?"

店主人惶惑地四下看了看说:"跑了!"

"跑了他,跑不了你!病了也得去!"那家伙招了下手,向两个扛长枪的家伙说,"把他带走!"

两个扛长枪的家伙过来抓住店主人:"走!"

店主人先是说好话,见说好话没用,就跟遭殃军争吵了起来。自然这全没用,几个遭殃军连打带拖地把他抓走了。

我伏在房顶上,听到后院有妇女和孩子的哭声。一股愤怒的火焰在我胸中燃烧起来。夜,是黑暗的,我觉得这社会比黑夜还黑,必须早早砸碎!

听到街上嘈杂的人声逐渐远去了,我从房顶上轻轻地下来。前边的房门是开着的,街上又恢复了寂静。我不能再停留,我多么盼望能早些见到亲人解放军哪!我走出了店门,向着北方,大步走去。

我向北走去，白天顶着骄阳，夜晚披着星星，遇着刮风，我风里走，碰上下雨，我雨中行。我只想能跟解放军一起打回来，来推翻这吃人的黑暗旧社会，来消灭像胡汉三那样的一群群豺狼！

走哇！走哇！我一边走一边打听着，听人们说，解放军在长江以北打仗，解放了很多很多地方。这些消息更加鼓舞着我，我一心要奔到长江边。

一天下午，我果然走到了长江边。嗬，好大的江啊！浩浩荡荡的江水，汹涌澎湃地奔流着。在我的家乡，我也曾见过一些江河，我常在家乡的江河里游泳，但像这样的大江，我从来也没见过。站在江边向对岸望去，苍苍茫茫，看不到边。那江心有几只小船在浮动，一忽儿小船被推在浪尖上，一忽儿小船又埋在浪头下，好大的风浪啊！

我顺着江岸，想找一个渡口。后来问江边的行人，说离这个地方三里远的羊角口有摆渡过江的。我走到那个地方，见渡口上果然有一些人聚集在那里。渡口上站着两个背枪的遭殃军，他们在检查每一个要过江的人，拿出"通行证"给看了才能上船。

"通行证！""通行证！"两个遭殃军向准备上船的人吆喝着。

我哪里有什么"通行证"呢？这里大概是不能通行了。我不愿招惹麻烦，便回身向来的路上走。我一边走，一边看着那宽大浩渺的长江，心里想：长江啊，不管你有多么宽，不管你有多么深，也不管你的浪头多大，今天，我要踏着你的波浪，横渡过去！

我在江边的一个小土坎上坐下来。因为江岸上还有过往的行人，我怕游水渡江引起人们的注意，便坐在那里等着天黑。夕阳落在大江里，江面上红蒙蒙的。江水滚滚奔腾，我的心中也掀起一阵阵波澜。我想，只要我渡过了长江，再向北走，就可以见到解放军，就可以和他们一起拿起枪来向南打，等到再打到长江的时候，那时我将再从北向南横渡，解放江南，解放家乡……

名师导读：闪闪的红星

包裹里还有一块干粮，我拿出来吃着。忽然，我听见江岸上传来急促的脚步声，后面像是还有人喊着追赶。我急忙站起来，见一个年轻人正向这边跑，后面跟着四个遭殃军在追赶。"拦住他！"后面的遭殃军大喊着。这时那个青年已经跑到我的面前，他焦急地向我看着。我连忙把身子一侧，让那个青年跑过去。可是那几个遭殃军还是穷追不放，眼看那青年就被追上了。我想救那个青年，可是一下想不出什么办法。就在这时，只听"扑通"一声，那青年纵身跳进江水里，江水卷着浪头，他随着波浪泛了几下，几个遭殃军向着江里"砰！砰！"放了几枪，那青年就再也不见了！

我心里激起无限愤慨，同时也感到势头不妙，转身离开岸边走去。就在这时，我听到后面传来一声喊叫："抓住这一个！用这个顶上！"我知道这句话说的是我，便放开大步跑了起来。可是事情是那样不妙，迎着我的面又过来十来个遭殃军，我夹在他们当中了。他们上来几个人，不由分说，就把我抓了起来，向着羊角口那个渡口带去。

我被他们押到了渡口，见一只船上用一条绳子连着绑了六个青年。押着我的遭殃军把我推到船上，也把我的手倒背着，和那六个青年绑在一起。一个带短枪的家伙向两个背枪的遭殃军说："你们俩看着他们，其余的人都快去吃饭。"说着他领头向离渡口约一里远的小镇走去。被留下的两个家伙嘟哝了两句，不高兴地守在船边。

和那六个青年绑在一起，我细声向他们问了问情况，才知道他们全是被抓来的壮丁。刚才那一个青年上船时，趁遭殃军不注意，挣脱了绳子跑了，结果被打死在江里。

长江啊，你滚滚东流，带走了多少仇和恨哪！我不愿被抓壮丁，从姚池跑出来找解放军，可是跑到了长江边上还是落入了魔掌！难道我就被他们轻易地带走？我的心像那奔腾的江水，汹涌起伏。我看看那六个青年,他们的脸上都布着仇恨和焦灼,我看看那两个看押我们的遭殃军,他俩一个站在船头上,一个坐在船帮上,全都少精无神。暮色慢慢笼罩了大江,江边很少行人。我心里盘算着一个逃走的办法,便向那个站着的遭殃军说:"喂,老总,要把我们带过江吗?"

"过江。"那家伙说了俩字。

"什么时候过去呀?"我又问了一句。

"不知道。"回答了三个字。

我说:"给我点儿水喝吧!"

"事倒蛮多!"那家伙懒洋洋地从船边拿起了一个碗,舀了半碗水端到我脸前,"喝!"

我背着手喝了两口水,故意一低头,把碗从那家伙手里碰掉,碗掉在船上摔碎了。那家伙生气地骂了几句,把脸一转又站到船头上去。

我看看那个坐着的遭殃军,他眯着眼,像是在瞌睡。我碰了碰身旁的那个青年,向他使使眼色。我俩扭着身子把破碗片捡了起来。我小声地向他说:"割!"说着我俩就在背后吃力地割着绳子。不多会儿,拴在我手上的绳子被割断了。我也帮助那个青年把他手上的绳子割断了。那五个青年也明白是怎么回事了,全向我俩靠过来。幸而这时天已开始黑下来,两个遭殃军并未察觉到我们。我把两只手仍背在背后,用肩膀碰碰身旁那个青年,示意他干那个打盹的,我干那个站着的。立时我和他便猛扑过去。他一下子把那个坐在船帮打盹的家伙掀到江里去了,我一把把那站着的家伙的枪夺了下来。那家伙一惊,撒腿就要跑,我说:"你跑,我打死你!"我一拉枪栓,那家伙呆呆地站住了。

这时那五个青年手上的绳子也全被解开了,我向他们说:"快跑!"他们全上了岸,在夜色中飞快地跑走了。我拿着枪退到船中央，见那个遭殃军还呆站在那里，便高声地向他说："你也快跑吧！"那家伙倒也听话，拔起腿来也跑开了。

  我在船上找到我的小包裹，把它向腰间一缠。那支夺来的枪实在难以带着游过长江，就是能带过江去，也不能扛着枪在路上走哇，我不得不把它扔到江里，然后自己纵身跳进滚滚的长江。江水在我耳边掀起一阵吼声，我的身子在波浪上起伏前进，像脱缰的马，像离弦的箭，向着江心游去，游去……

  当我离岸很远的时候，听岸上人声吵嚷，接着又传来两声枪响。我轻轻地笑了，心头体味到一股胜利的喜悦。我想，那几个青年大概都已经跑掉了，要是我能够把他们都带到江北去，参加解放军多好哇！

  游着，游着，游了很长很长的时候，我觉得应该游出十多里路了，可是还没游到对岸。这时正是春天，江水很凉，开始跳进江中时，并没顾到这些，可是越游越冷，越游越冷，手脚开始有点儿麻木。就在这时，江面上又起了大风，那大浪劈头盖脸地打下来，把我冲得老远。困难增加了，速度减慢了，同时觉得又饿又累。寒冷、饥饿、疲劳、风浪，一起向我袭来，我再看看对岸，黑沉沉的，没有一点儿灯火，我不知离岸还有多远。但是，我不害怕，不灰心。我相信我一定能够渡过江去；过江后就可以见到亲人解放军了，就可以为受苦的人报仇了。我仰头看看天上，北斗星异常明亮，它给我指引着方向和道路，增强我的力量和信心。

  我吃力地游着，有时浮在水面，听任江水冲着我走一阵，然后再鼓鼓力气向北游。也不知游了多长时间，终于听见了两声狗叫。啊，我游到北岸了！

  一爬上岸，我就再也不能支持了，一下子在岸边倒了下来。这时让江风一吹，身上感到更冷。我想，这样躺在这里是不行的，冰冷的湿衣服会把我浸病了的！我可不能病倒哇，病倒可就再也不能赶路了！我四下看了看，见不远的地方闪动着火光，便挣扎着向那个有火光的地方走去。

到了火光跟前，见原来是两个打鱼的老人在江边煮饭。他们见了我很吃惊。我向他们说："老人家，我掉江里去了，请你们让我烤烤衣裳吧！"两个老人又把我上下看了看，对我似乎有点儿怀疑，可是没拒绝我。我在火边蹲下来。

"听口音，你不是我们本地人哪！"我烤着衣服，老人向我提出了问题。

我说："我是从南边过来的。"

"游过来的吗？"一个老人说，"是什么事逼得你这么拼命？"

我看两个老人都是受苦的人，便说："逃壮丁啊！"

"噢！"老人对我表示同情，"就是跳到江里死了，也不要让他们抓去当那个孬种兵。"

又谈了一阵子，我听出两个老人对遭殃军充满仇恨，就大胆地问他们："老人家，知道哪里有解放军吗？"

两个老人似乎看透了我的心思，说："往北走，找解放军就容易了，哪儿有打仗的，哪儿就有解放军！"

对，哪儿有打仗的，哪儿就有解放军！天明的时候，我离开了两个老人，专奔着打仗的地方走去。

一边走，一边打听，我终于找到打仗的地方了。一天下午，我走到大青山下，听到离这儿不远正响着枪声。我正走着，迎面过来一个挎着篮子的老大娘，她关心地向我说："哎，你别往前走了，前边正开火呢！"我点头谢了谢她，心想，我正是要奔开火的地方去呢。这时已可以看到一些散散乱乱的遭殃军，为了不再碰上他们，我便绕到山上，躲到一个山洞里。

我在山洞里等了一阵子，忽听不远的地方人声车声混成一片。我忙走出山洞，爬到山顶上一看，见不远的路上、田地里全是些乱哄哄的遭殃军，他们就在这山下停下来，就地挖工事，还有三十来个人正往这个山上爬。遭殃军往上来我就不能下去了，我便借着山石的遮掩，继续往山顶上爬。说也巧，在这山顶荒乱的草丛下，有一个像石臼一样的坑，只能容一个人，我就躲了进去。离我有一百多步远的地方，那些遭殃军在那里支起了三挺机枪，有一挺正在我的眼下。这时我已打算好，如果有遭殃军爬到我这里来，我就拼着性命，抱着他一起跳崖！

　　我卧在山头，听到远处传来激烈的枪声。这枪声，对我有多么大的吸引力呀！我望着那响枪的地方，像是看到了解放军正端着刺刀向遭殃军杀来，我像是看到我爹举着红旗跑在队伍的前头高喊着："冲啊！"我多么盼望能一步迈到那个地方，和解放军同志一起，也端着枪向敌人猛冲啊！

　　不久，枪声近了。从北边射来的子弹，嗖嗖地从头顶掠过，不时嗒嗒地击在山石上。太阳已经落了，枪口里喷出的火星子一闪一闪地都可以看见了。啊，亲人解放军就在不远的地方！

　　喊杀声从北边传来，山下的敌人已经溃败了，可是山上那三挺机枪还在疯狂地射击。这时我从石坑里爬出来看准敌人机枪的位置，举起几十斤重的石块，"呼咚！呼咚！"向敌人打去。敌人一下子惊慌地号叫起来。我接连打下几块大石头，敌人还没来得及辨清是怎么回事，靠我最近的那几个遭殃军丢下机枪就向山下跑了，别人也急忙跟着呼啦一下子跑了。

　　这场意外的战斗和意外的胜利，使我多么高兴啊！

　　敌人的机枪阵地被打掉了，我见到许多解放军战士端着刺刀，喊着"杀"声，像猛虎一样，向敌人冲了过去。我从山头跑到敌人丢下的机枪跟前，端起来想和解放军一起向敌人冲去，可是我不知道机枪怎么放。正在这个时候，冲上来十几个解放军，他们中的一个同志问我："你是干什么的？"

我说:"我是来找解放军的!"

"找解放军?"那个同志又问,"刚才是你向敌人的机枪阵地打石头吗?"

我说:"是的。"我把机枪交给他,"还得了一挺机枪。"

那个同志接过机枪,高兴地握着我的手:"你是从哪儿来的?"

我说:"我是从江西来的,来找解放军的!"

这时又走过来两个解放军,那问我话的同志向着其中一个年纪稍大的解放军说:"报告教导员,这个小同志刚才帮助我们干掉了敌人的机枪阵,他说他是从江西来,来找解放军的。"

"从江西来?"教导员走过来把我仔细看了看。这时我也才仔细地看看他们,只见他们军帽上闪着颗红五星,这就是我年年盼、月月想的亲人哪!我握起教导员的手说:"我是从江西来的,来找解放军的,我爹是红军,一九三四年去长征的……"

教导员十分亲热地说:"是我们的亲人哪!走了不少路,吃了不少苦吧?"

我说:"唉,我走了……"走了多少路呢?找了多少天呢?又吃了多少苦呢?我一时说不上来。

教导员看看那挺机枪,拍拍我的肩:"真勇敢哪!你叫什么名字?"

我说:"叫潘震山。"

"好,潘震山同志。"这是第一次有人叫我"潘震山同志"呀,我心里感到热乎乎的。教导员向身旁的那个同志说:"小王,你带潘震山同志到营部指挥所休息一下。"

我说:"我不休息,请发给我一支枪,我要和同志们一起去打白狗子!"

"还是休息一下吧!"教导员说,"打仗,以后有的是。你先去休息一下,这个战斗结束以后,咱们再仔细谈谈。"他说罢就向前赶去了。小王同志热情地推着我说："走，咱们到营部去。"

第二天上午，战斗结束了。同志们来来往往地收拾胜利品，我也欢欢喜喜地跟着同志们搬运，分享着胜利的快乐。头天晚上见到的教导员同志回到营部指挥所，他向我说："潘震山同志，我们师长要见你。"

"师长要见我？"我忙从小包裹里拿出妈的夹袄和爹留给我的红五星。

"走吧，我陪你一起去。"教导员说着，在头里领着路，我便跟着他向村子里的一所大院子走去。一边走，教导员一边向我说："今天早晨，我把你的情况向团首长报告了，团里又报告给师里，师长听了很关心这件事，特地叫你来谈谈。"

我想，怎么还会惊动这么多首长啊。说话间我们已走进那所大院子。院内各屋里都住着解放军，各屋里都架着电话，同志们都很忙碌。教导员把我带到北屋里，向那个正在用铅笔在地图上画着的首长敬个礼："师长，潘震山同志来了。"同时回头向我介绍说："这是我们的师长。"

我向师长鞠了一躬。

师长放下手里的铅笔，忙招呼我："快坐下，坐下。"又亲手倒了碗水递给我，"喝水。"

教导员说他有事，向师长敬了个礼又出去了。

师长非常热情地问我："小潘同志，你家住在什么地方？"

"在江西的柳溪。"

"啊，"师长点了点头，"听说你是来找你父亲的？"

"是的。"我说，"我父亲是一九三四年参加长征的，我一直想找他，都没找成。这次我听到这里打仗，朝着枪声跑来了。"

"一来就参加了战斗，不简单哪！"师长称赞我，又问，"家里还有什么人？"

"我家里……"说到这里,我的喉头有点儿哽塞,"我父亲临走的时候,家里还有我母亲,以后,我母亲牺牲了!"说着我把我妈的夹袄打开,说,"这是我妈留下的夹袄。"又从衣边里取出那颗红五星来,说,"这是我爹长征时留给我的红五星。"

师长把两件东西都珍惜地接在手中,他把夹袄看了又看,轻轻地放在桌上,然后又把红五星细细看看,深沉地说:"是我们那时候的红五星啊!亲人们保留着它,在坚持斗争!"说着,走到窗前,推开窗子向南望着。过了一会儿,师长转过身来,眼里闪着兴奋的光芒。

"首长,你……"

"我是湖南人,姓钟,也是一九三四年随红军长征的。"钟师长把红五星放在夹袄上,走到我的身边说,"见到你,我很高兴,也为我们那些长征的红军,为红军的家属们感到自豪。我们的毛主席说:要奋斗就会有牺牲。我们红军有几十万,在家乡都有亲人,他们为革命都付出过牺牲。但他们都不是白白牺牲的,看,半个中国已经解放了!"师长的声音充满了自豪的感情,接着又说,"我们还要解放全中国!毛主席是这样教导我们的:中国人民正在受难,我们有责任解救他们。"

我的心情无比激动,我想起革命的前辈们,他们为着人民的解放,为着人民的利益,不惜牺牲流血,不惜献出自己的家庭和亲人;像我母亲那样的,何止千千万万,像姚公公那样的,何止千千万万,像我这样经受过那么多风风雨雨的,又何止千千万万!而今,我是找到自己的队伍了,见到自己的亲人了,可是还有多少人辗转在压迫之下,像我以前一样,仍过着水深火热的日子哟!想到这里,我向钟师长说:"首长,发给我一支枪吧!我要去打白狗子!"

"好,你应该成为一个战士,应该拿起枪来去战斗!"师长拿起桌上的电话:"接一营。喂,李教导员吗?你把潘震山同志领到你们营,编到连里去当战士。"听了师长的话,我是多么高兴啊,我马上就要成为一个中国人民解放军的战士了!钟师长放下电话,向我说:"潘震山同志,你是我们革命的后代,你一定要努力做一个好战士。你的父亲,还有姚海泉同志的消息,我给你打听打听。"他又很有信心地说,"红军到了延安,就是三万来人,容易打听到的。不过,这几万人都分配到全国各个战场上去了,不是一下子就能找得到的,可能花的时间要长一些。"我说:"我到了解放军里,就是到了家了。我爹什么时候打听到都可以。"

一会儿,李教导员来了,我跟他回到营里,他就把我编到二连八班当战士。

我日夜盼望的这一天终于来到了。我穿起了绿色的军装,肩上扛着钢枪,帽子上闪着发光的红五星,我是多么自豪哇!从此,我成了一个武装的革命战士了,翻身了,解放了,不再做被压迫的羔羊了!连里的同志们,呼着口号,热烈地把我欢迎到班里去。从此后,我要和同志们一起去参加战斗了!

战斗,脚踏着祖国大地,向前,向前!战斗,我把愤怒装进枪膛,让子弹喷着愤怒的火焰向敌人射去!战斗,我把仇恨装在刺刀上,让刺刀闪着复仇的寒光刺进敌人的胸膛!战斗的岁月充满着豪情,而又过得那么紧张和匆忙。一转眼,我在解放军中战斗了两年多。我跟着部队:打过了长江。渡江之后,我解放大军又以雷霆万钧之力,横扫着敌人的残兵败将。

战斗,我在战斗中成长。在纷飞的战火当中,我已经在党旗下宣过誓,成为了一名光荣的中国共产党党员。当部队打到江西的时候,我已经当了侦察班的班长。

当我家乡附近几个县解放之后,我们这个师在一个城市的附近驻下来。一天,钟师长来电话把我叫了去。他见到了我说:"潘震山同志,这些时候,一个劲儿地打仗,打听了几次,也没打听到你父亲的消息,这会儿打到你的老家了,家乡解放了,你回家去看看。"

我说:"我要跟着部队向南打,一直到解放全中国。"

"你可以回家看看。"师长说,"我们这个部队要在这儿休整一个阶段,给你十天假,你回去看看,看看你父亲有信来了没有。"

我说:"我不能因为看家耽误了战斗。"

"你这是一个特殊情况。"师长说,"我和政委,还有你们连里的干部,都同意你回家看看。"

这两年来,师里、团里的首长不断地替我打听我爹的消息,营里、连里的首长,还有班里的战友们,也经常用我的身世来激励我、慰勉我。现在,领导又主动地给我假期让我回家看看,这阶级的情义多么深厚,多么温暖哪!

师长又说:"不久前我已经写信给我们的总参了,请他们给查一下你父亲和姚海泉同志的下落,说不定你父亲已经给你们家中去信了。"

我十分激动地向师长敬了个礼说:"谢谢首长,我非常感激组织上对我的关怀。我回家看看,马上返回部队。"

第十章

我向家乡柳溪奔去。天傍黑的时候,我来到了我的家乡。

还没走进村子,我的心就怦怦跳起来。柳溪呀,我的家乡,我在外边十多年,今天才又见到你!我走近了村边,不知不觉地把脚步放慢了。

我进了村庄,一直向村东头走去,走到我妈妈牺牲的那棵大树下。我仰头看看树,天已经黑下来了,看不清树上的枝叶,但我却看见了我妈妈。这和我那年在山上看到的她一样:闪闪的火光中,她一只手向前指着,一只手像宣誓一样举在肩头,她的两只眼睛大睁着,放射着明亮的光彩。我像是看见妈妈在喊着我:"冬子!冬子!"啊,妈妈,你的冬子回来了!

我在树下站了很长时间,复仇的火焰在我胸中燃烧,恨不得一下子向胡汉三把这十几年的账算清。我四周看了下,这时我才注意到村子里很少有行人。咦?为什么今晚村庄这么静?我想找人问问是不是已经抓到了胡汉三,便转身向村里奔去。

当我走过自己的家门时,见从门内射出灯光来。这是我的家呀,十几年没见了,我能不进去看看吗?我轻轻地推开了半掩的门,见屋里没有一个人。一张方桌上摆着一盏煤油灯,屋子里照得很亮。我走进了屋子,四下里端详了一下,十五年前的痕迹已经不多了。我刚要迈步出来,见走来一个青年,他向我看了看,问:"同志,你找谁?"

我说:"我就是这里的人,我叫潘震山。"

"你是冬子!"进来的青年跑过来抓着我,兴奋地说,"我是椿伢子!"

"啊,你是椿伢子!"我紧紧地抓住了他的手,"嘿,看我们都这么大了!"

椿伢子说:"是呀,要是在别的地方见到,我俩谁也不会认识谁的。十几年,你跑到哪里去了?怎么当的解放军?"

我说:"一句话也说不完,以后告诉你吧。你先告诉我,胡汉三抓住了没有?"

"还没有呢!"椿伢子说,"这老东西狡猾得很,大军一过来,他和他儿子就一块堆儿跑后山去了。我们搜了几次也没搜着,我们打枪,他也不还枪,就是找不到他。"

我忙说:"别让他跑掉了!"

"跑不了他!"椿伢子很有把握地说,"今天下午,来了一队大军配合我们,下决心抓住他,庄里的人全出动了,所有的山口都把得紧紧的,跑不了他!"这时我才明白,为什么村子里人少,原来都到后山去捉胡汉三了。我俩正说着,忽然后山上响了一枪。我说:"枪响了,我去!"椿伢子说:"你没有带武器呀!"说着他把他背的那把大刀解下来交给我:"你带着这!"我接过刀,出了门,就向后山奔去。

天全黑下来了。后山上到处是熊熊的火把,照得山里通明。我向后山去的时候,路上遇到一些人,他们都已不认识我,我也来不及和他们说话。我走进后山谷,忽然听到一声有力的喊问:"谁?"

"我!"我应了一声,却没见到人。

"你是谁?"这次我听清了,那声音在那块大石的后面。

我说:"我是潘冬子!"

"谁?"随着声音走出来一个人,"你是震山哪!"

我听出来了,是宋大爷,连忙喊道:"大爷!"这时大爷已走过来抓住我的手:"震山,你还在呀!当了解放军了!"

我说:"大爷,我回过茂岗一次,三妈说你出来找我,可我就是不知道你到什么地方去了⋯⋯"

"我跟着吴书记他们一起打游击了。"

"吴书记也来了吗?"

"他到省里去了,说明天到这儿来。"

我还要说下去,这时忽然不远的地方又响了一枪。大爷拉着我说:"到石头后面去。"我便跟着他躲到了大石的后面。

到了大石的后面,原来里边还有两个人。我们一面小声地谈着分别后的情况,一面注视着外边的动静。

那边响了一枪之后,接着又响起第二枪。不多会儿,从那边蹿过来一个人影。大爷问:"谁?"那人没回答,扭头就向石后的竹丛钻去。

我跳出来,靠着侦察兵的夜间视力,紧紧地跟上那个黑影,大爷和另一个青年也紧跟在我的后面。穿过一片竹丛,黑影忽然消失了。大爷打开手电四处照了照,我发现有一片嫩草被人踏过,那足迹直奔不远的一堵断墙。我们来到了断墙边,见墙那边是一个院落,我拾起一块石头向里边一丢,没有听到动静,便纵身翻过那堵断墙。也真巧,我刚进了院子,就见有个人影顺着西墙向外翻。我喊了声:"站住!"那人一声没响,已经翻过去了。我哪能让他逃脱,连忙赶到墙下,一纵身上了墙头。

当我从墙上向下跳的时候,忽听"砰"的一声,一颗子弹擦着我耳边飞过去了。刚才子弹出膛的火星子我看得清清楚楚,这个放枪的人就离我不远。我举着刀大喝一声："你往哪儿跑！"奔过去照着那人就是一刀。这一刀没有砍中他,接着又一颗子弹从我的臂上擦过去。就在这时,一道手电光照在了那个人的脸上,那人一下子把头低下来。我飞快地赶上去,照着他拿枪的手"咔嚓"就是一刀。那人一缩手,"哎哟"一声,枪被我打落在地上。

我脚下踏着掉在地上的枪,借着手电光看了下这个人,只见他穿着一身农民的衣服,戴着一个破呢帽,低头站在那里。大爹喝令他："把头抬起来！"那人就是不抬头。我过去托着他的下巴向上一扬,不料他伸手就来夺我的刀。我把刀刃向他手上一拉,他号叫一声,把手缩了回去。他这一号叫,我听出是谁了。我把他头上的破呢帽打掉,这家伙把头一抬,脸上露出几块烧伤的疤痕,原来就是胡汉三！

见到胡汉三,千仇万恨全都涌上我的心头,我高喊一声："胡汉三,你睁开眼看看我们是谁？"胡汉三翻眼看了看我,不由得身子一颤。我说："你欠人民的血债,该还了！"我把刀锋在他面前一晃,胡汉三像一摊泥一样倒在那里。

这时有人来说,胡汉三的儿子也被捉到了。许多人举着火把围拢来,照得一片通明。我把胡汉三从地上提起来,大声地向他说："刀把子在人民手里了,我们要审判你！"

捉住了胡汉三,真是大快人心。报告了上级,上级很快就批准公审他。

公审胡汉三的头天夜里,我要求站岗看着他和他的儿子,生怕他们再跑掉。大爹和椿伢子连夜给胡汉三糊了个白纸高帽子,上面写着"与人民为敌的胡汉三恶贯满盈"。

公审胡汉三这一天,方圆几十里的群众都赶来了。人们打着红旗来,扛着梭镖来,背着大刀来,扭着秧歌来,打着腰鼓来,这比当年赤卫队斗争土豪还要威风得多。这一天,天晴得万里无云,太阳刚从东方出来,村东头大场上就挤满了人。人们要来诉一诉苦,控诉那胡家父子多年来是如何祸害他们的。人们要来出一出气,要把几十年压在心头的冤气一下子全吐出来。人们要来看一看人民是怎样当了家做了主的,来看一看一贯与人民为敌的汉奸、大恶霸胡汉三的末日。人们带着血海深仇来,带着满腔愤怒来,带着欢庆与自豪来。秧歌队、腰鼓队高唱着"解放区的天是明朗的天……",高唱着"没有共产党,就没有新中国……"。

在一片高昂的口号声里,胡汉三被五花大绑拉着向村东头大场上走来。人们见了这个血债累累的大坏蛋,都拥过来喊打,拳头举得像树林一样,声音喊得震天响。这时候胡汉三像一条癞狗倒在那里,要不是维持秩序的同志劝开众人,这个老坏蛋必定让人们踩成稀泥了!

就在胡汉三放火烧死我妈的大树下,筑起了一个土台。人们要在这棵大树下,审判这个杀死过许多革命战士的大刽子手。

公审大会快要开始的时候,大爹向村头路上指了一下,向我说:"你看,谁来了?"我蹬着土台向路上看去,其中有一个人,我马上认出来了,他是吴修竹吴书记。

"吴书记!"我高喊着奔过去。吴书记也热情地向我走来。我亲切地喊了声:"修竹哥,你还认得我吗?"吴书记上下看了看我,高兴地说:"冬子兄弟,你当了一名解放军战士了!"

我说:"这多少年来,我一直在找你们,就是没找到哇!"

吴书记说:"自从你打米店里跑出去之后,我们也是到处找你,可也就是没找到你呀!"

我说:"多亏姚公公收养我,敌人才没能害死我。"

吴书记说:"革命的种子,到处能生根发芽,他们是害不尽,杀不绝的。"他指着那土台上的胡汉三说,"可是你看他,他们只是几只秋后的蚂蚱,蹦了几下就完了!"

我说:"是的,他们与人民为敌,必然是这样的下场。"

吴书记说:"我再告诉你一个好消息,你父亲已经来信了。"

"父亲来信了?"我急切地问,"他现在在哪里?"

"他们现在驻在济南。"吴书记一面从衣袋中取出一封信,一面说,"他现在已经是副师长了。"

我听了,面前立刻出现我爹的身影:不很高的身躯,壮壮实实,缀着红星的八角帽下,闪着一双大眼睛,身后背着一把带红穗子的大刀,肋下挎着一把二十响的匣子枪……我爹,一个从田里被逼着出去闹革命的庄稼人,当了革命部队的副师长了。

"他来信向我打听你和你妈,还有给你们的信,要你们上济南看他去。"

"我和我妈!"我向那棵大树望去,我似乎看见了我妈,妈妈是笑着的。

主持大会的人来告诉吴书记,说大会就要开始。吴书记向我说:"你在大会上,把你要说的话全讲讲吧!"

我说:"我是要讲讲的!"

啊,妈妈,你也来听吧!今天,我在人民的天地里,在共产党和毛主席的阳光下,在你牺牲的树前,大声地控诉。你看见了吗?那大场上是翻飞的红旗,那此伏彼起的是胜利的歌声……

公审大会整整开了一上午,最后判处胡汉三死刑,就地执行枪决。

"砰!砰!"两声,胡汉三像一只死狗一样躺下了。大场上响起了人们轰天动地的口号声:

"解放全中国!"

"中国共产党万岁!"

"毛主席万岁!"

亲人相聚,有说不完的话,胜利重逢,更使人兴高采烈。修竹哥、宋大爹，还有椿伢子等乡亲们，在我原来居住过的屋里叙了大半夜的话。后来大家一致让我到济南去看我爹。

同志们离开屋子的时候，已经是后半夜了。我坐在灯下想了一阵子，把带来的小包袱打开，把妈妈的夹袄和爹留给我的红五星拿出来看了又看。这时我又想起爹给我的那颗从他腿中取出的子弹头，那个子弹头是妈妈埋在院子里的石榴树下的，不知它还在不在。

我找了把锹，到院子里把石榴树下全挖了，然后我端着灯在土中寻找。啊，我终于找到它了。它埋在树下十五年了！童年哪，童年的想法有多么天真哪：爹爹今天去打白狗子，明天打了胜仗就回来了。可那时候哪懂得这是被压迫阶级去打倒反动统治阶级，这是一次翻天覆地的斗争啊！斗争的历程怎么会那么短暂，那么平坦呢？我把子弹头托在手心，爹的话又清楚地响在我的心里："记住，等你长大了，要是白狗子还没打完，你可要接着去打白狗子。"是的，我现在长大了，可是白狗子还没有打完，我要怀着这颗带血的子弹头去打白狗子！想到这里，我觉得我应该马上回部队去。当然，想见到我爹的心情是强烈的，可是我想到，爹如果知道我已是个解放军战士，他会毫不迟疑地命令我去战斗！于是我回到屋里，从挎包里取出信纸，在油灯下，给我爹写了封信：

爹：

你给我和母亲的信，我收到了。

但是，母亲再不能看到你的信，她已经在十四年前牺牲了。母亲是一个优秀的共产党员，虽然她的党龄只有一天多，但是她作为一个崇高的党员形象，却永远留在人们的心中。

爹走后，妈妈一直没有停止斗争，妈妈变得刚强了。她是进村发动群众，为掩护一个同志而被捕的。敌人从妈妈口中一个字也没问出来,便把她吊在村东头的大树上,在她的脚下点起了大火……妈妈英勇地牺牲了,她是我的好母亲。尽管那时我还年幼,可是妈妈的血在我的身上奔流着:她所爱的,我爱;她所恨的,我恨;她引以为光荣的,我也引以为光荣;她勇于牺牲的,我也敢于牺牲!我立志要做妈妈那样勇敢的、高尚的人。

昨天,我在那棵大树下,见到妈妈笑了。因为昨天在那棵树下公审了胡汉三,并枪毙了那个大土豪,他就是杀害妈妈的刽子手。

爹,咱们分别十五年了。你这十五年是跟毛主席走过来的,有着光荣的战斗历程。我这十五年,尽管流离颠沛,却也经历了不少阶级斗争的风雨。

童年的记忆,总是那么深刻和清晰。爹,我一闭上眼睛就能看到你:浓眉下闪动着一双有神的眼睛,头上戴着八角帽,帽上闪着红星。背后背一把大刀,肋下挎一把二十响的匣子枪。爹,十五年来,你跟随毛主席南征北战,也许你的模样变了,但我一直觉得你是一个红军战士,你要用不停的战斗换来光辉的明天。我忘不了你把那颗带血的子弹头交给我时教给我的话,你让我恨白狗子,长大了去打白狗子。我忘不掉你把那一针麻药让给那个红军叔叔,你教给我爱自己的同志,爱自己的阶级弟兄。爹,你给我的那本列宁小学课本我读完了,不过不是在列宁小学读的,而是在一个革命的老大爷的小茅屋里,伴同着活生生的斗争现实读进心窝的。爹,你给我的那颗红五星,我还一直保留着,我千遍万遍地看过它,每次看到它,都像看到了你。我曾经带着它,黑夜中迎着北斗去找延安;我曾经带着它,在大风浪里横渡长江,去找解放军。十五年来,我把这颗红五星紧紧地带在身边。是它,给我信心,给我希

名师导读:闪闪的红星

望,更给了我勇敢;是它,鼓舞和鞭策着我紧跟你们的脚印,顽强地生活和战斗。现在,我已经成为革命队伍中的一个战士了。我们的革命战争正在节节胜利,我的亲人也找到了,今天再看看那红五星,我更满怀胜利的喜悦和自豪。爹,我现在把这颗红五星再寄给你,你看到它,也就像看见了我。虽然已经十五年了,爹,你看这颗红五星还是那样红艳艳的。

爹,妈牺牲后,先是修竹哥把我留在游击队里,后来又有宋大爹、姚姨父收留我,我也应该是人民的儿子。这多少年来,我像一棵幼苗,是人民用血汗灌溉我成长;我是一个幼儿,是人民用乳汁把我喂大。我身上也流动着革命人民的血,他们的痛苦就是我的痛苦,他们的希望就是我的希望。我永远忘不了我们人民所受的苦难,为了人民的解放,粉身碎骨我都甘心情愿。

爹妈生我,人民养育我,党领导我前进。我已经在红旗下宣过誓,我已经是一名中国共产党党员。在我身上也奔腾着党的血液:"起来,饥寒交迫的奴隶,起来,全世界受苦的人!满腔的热血已经沸腾……"我的热血在沸腾,因为昨天我还是奴隶,今天,我要为世界上受苦的人去战斗,去打碎那旧世界的锁链!我要求自己能够做一个党的好儿子。

爹,我在两年前已参了军,成了一名解放军战士。你来信要我去看你,我想暂时不去吧!我的冲锋枪里正压满子弹,我的耳边正听到冲锋号声。战斗的呼唤,让我奔赴战场。爹,让我们乘胜追击吧!当全国人民都欢庆胜利的时候,我再去见爹,我想这日子已经不远了!

妈妈牺牲之前,留下一件夹袄给我,十五年来,我一直保留着它。现在我把它寄给你,你见到它,就像见到了我那刚强的妈妈。